中公新書 2617

一坂太郎著

暗殺の幕末維新史

桜田門外の変から大久保利通暗殺まで

中央公論新社刊

はじめに

テロ（テロリズム）とは政治的目的を達成するために暴力や脅迫を用いることで、暗殺は特定の要人などを不意に襲って殺害することと、私は理解している。だから暗殺は、テロの一種と見てよいだろう。たとえば痴話喧嘩《ちわげんか》のすえ刃傷《にんじょう》事件が起こっても、テロとも暗殺とも呼ばない。

テロや暗殺は現代社会では大体において、非道徳的な悪の行為と考えられている。だから政治家がテロに立ち向かえば、「正義の味方」になる。戦争や法律の制定の名目にも、テロとの戦いが利用されたりする。

だが、日本の近代化のスタート地点とされ、奇跡のような革命と称賛されることが多い「明治維新」など、一歩踏み込めば暗殺および暗殺未遂事件のオンパレードだ。ペリー来航から王政復古までわずか十数年の間に、その数は百件を超す。テロや暗殺を悪と決めつけるなら、日本の近代化はとても称賛できるような歴史ではないだろう。

しかし、目をそむけてばかりもいられない。

なぜ、この時期だけに暗殺が集中したのかを考えてゆくと、西洋人という異分子を排除し、天皇という古くとも新しい価値観を力任せに押し通そうとした人々の存在が浮かび上がる。さらし首に興味津々で、血まみれの写生画まで流行させる歪《ゆが》んだ民衆の残忍さも、見えてくる。暗殺を軸にすると、政権交代としての「明治維新」を正当化するため、靖国合祀《やすくにごうし》や贈位（追贈）が便利なシステムとして利用されたことも分かる。

本書では「明治維新」を、闇《やみ》の側から辿《たど》ってゆきたい。

＊元号は、原則としてその年の途中で改元されたとしても一月一日から改めた。たとえば「慶応四年」が「明治」と改元されるのは九月八日なのだが、本書では一月一日から「明治元年」とした。また「大阪」についても明治元年一月一日以降は「大阪」、それより前は「大坂」と表記した。ただし、引用などの場合は必ずしもそのとおりではない。

＊振り仮名は一般的と思われる読み方に従った。史料の引用にあたり、読みやすくするため送り仮名を付したり、漢字を仮名に直したりした箇所もある。

暗殺の幕末維新史　目次

第二章　「人斬り」往来

第三章　「言路洞開」を求めて

第四章　天皇権威の争奪戦　121

序章　繰り返されてきた暗殺

政権奪取のため暗殺

日本は古来武張ったことを好む。だから政治的対立が生じたら、暗殺による解決も厭《いと》わない。日本神話の中でも、たとえば日本武尊《やまとたけるのみこと》が女装して熊襲建《くまそたける》兄弟を暗殺し、帰路、出雲《いずも》建《たける》を騙《だま》しとった刀で暗殺している。しかし、自身も駿河国《するがのくに》で騙されて焼き殺されそうになり、天叢雲剣《あめのむらくものつるぎ》（草薙剣《くさなぎのつるぎ》）で草を払い難を逃れる。

六世紀来、蘇我《そが》氏は大和《やまと》朝廷の豪族として権勢を誇った。崇峻《すしゅん》五年（五九二）十一月三日、蘇我馬子《うまこ》が儀式に臨席した崇峻天皇を東漢直駒《やまとのあやのあたいこま》に暗殺させる。これは史上唯一の天皇暗殺の例である。

しかし蘇我氏への反感を強めた中大兄皇子《なかのおおえのおうじ》（葛城《かずらき》皇子・天智《てんち》天皇）は中臣鎌足《なかとみのかまたり》（藤原《ふじわら》鎌

蘇我入鹿首塚（明日香村）

足）らの協力を得て、「乙巳《いっし》の変」を起こす。皇極《こうぎょく》四年（六四五）六月十二日、飛鳥宮《あすかのみや》で三韓《さんかん》（高句麗《こうくり》・百済《くだら》・新羅《しらぎ》）進調の儀が行われた際、中大兄らによって蘇我入鹿《いるか》が殺され、つづいて父の蝦夷《えみし》が自刃する。こうして蘇我氏の本宗家は滅び、中大兄らは孝徳《こうとく》天皇を立て、中国にならい「大化《たいか》」という元号を定め、「大化改新」と呼ばれる大改革を進めたというのが、いまに伝わる「正史」である。公地公民、中央集権的な国家の形が整えられてゆくのも、暗殺が大きなターニングポイントだった。

それから一千二百年を経た幕末、幕府要人の暗殺を企てた長州《ちょうしゅう》の吉田松陰《よしだしょういん》は、躊躇《ちゅうちょ》する周囲に向かい「入鹿を誅《ちゅう》した事実を覚えて居る人は一人もなきか」（安政《あんせい》五年〔一八五八〕九月九日、松浦松洞《まつうらしょうどう》あて松陰書簡）と息巻く。「大化改新」は暗殺で政権を転覆させる先例として、「近代日本」の幕開けにも影響を及ぼした。

武家政権の中での暗殺

時は流れて十二世紀半ば、政治的発言力を強めた武士たちは、凄惨な暗殺を繰り返す。そもそも武士は戦闘のプロフェッショナルで、戦争や暗殺に対し、罪悪感は持たない。平治《へいじ》元年（一一五九）の「平治の乱」に敗れた源義朝《みなもとのよしとも》は東国に逃げ帰る途中の平治二年一月三日、尾張《おわり》国野間《のま》（現在の愛知県知多《ちた》郡美浜町《みはまちょう》）で入浴中に身内に裏切られて暗殺されたが、それとて油断した側が悪いのである。

鶴岡八幡宮

平氏《へいし》を打倒した義朝の子頼朝《よりとも》は建久《けんきゅう》三年（一一九二）、征夷大将軍《せいいたいしょうぐん》に任ぜられ、鎌倉幕府を開いて武家政権がスタートした。だが、頼朝はつねに暗殺の危機にさらされる。妻である北条政子《ほうじょうまさこ》の父北条時政《ときまさ》や実弟の源範頼《のりより》も、頼朝の命を狙《ねら》ったという。

頼朝没後、将軍となった頼朝と政子の長男頼家《よりいえ》も内紛のすえ、出家して伊豆修善寺《いずしゅぜんじ》で幽閉されたが、元久《げんきゅう》元年（一二〇四）七月十八日に北条氏が放った刺客に入浴中に暗殺される。

つづいて将軍に擁立された頼朝と政子の次男実朝《さねとも》も建保《けんぽう》

七年（一二一九）一月二十七日、鎌倉の鶴岡八幡宮《つるがおかはちまんぐう》に参詣の際、暗殺された。殺したのは公暁《こうきょう》という頼家の息子である。単なる怨恨か、背後関係があったのかは明らかではない。実朝の死により源氏将軍は途絶え、執権北条氏が幕府の実権を握る。

鎌倉幕府は元弘《げんこう》三年（一三三三）に滅亡し、後醍醐《ごだいご》天皇が天皇親政を目指して翌年を建武《けんむ》と改元した。後醍醐天皇の息子護良《もりよし》親王は征夷大将軍となったが、足利尊氏《あしかがたかうじ》と対立して建武二年（一三三五）七月二十三日、鎌倉の土牢《つちろう》の中で暗殺されたという。武家政権の復活を望む尊氏は室町幕府を開き、朝廷は吉野《よしの》の南朝と京都の北朝に分かれた。

戦国時代の暗殺

天文《てんぶん》十二年（一五四三）、ポルトガル人により種子島《たねがしま》に伝わったとされる鉄砲は国産化され、瞬く間に日本全国に広まった。群雄割拠の戦国時代、大名たちは競って鉄砲を求める。合戦はそれまでの騎馬戦から、鉄砲を持った歩兵戦へと変わってゆく。もっとも鉄砲の精度は低く、相当高度な狙撃《そげき》技術を要するため、暗殺の道具としては安易には使用されなかった。

備中《びっちゅう》のほぼ全域と備前《びぜん》の一部を勢力下とした三村家親《みむらいえちか》が美作《みまさか》侵攻中の永禄《えいろく》九年（一五六六）二月五日（異説あり）、備前《びぜん》の宇喜多直家《うきたなおいえ》の臣である遠藤秀清《えんどうひできよ》・俊通《としみち》兄弟に短筒《たんづつ》の火縄銃で暗殺された。これが、日本初の銃による暗殺だろう。

甲斐《かい》の武田信玄《たけだしんげん》は天正《てんしょう》元年（一五七三）一月から二月にかけて徳川家康《とくがわいえやす》方の三河《みかわ》の野田《のだ》城を攻めた。そのとき鉄砲で狙撃された傷がもとで四月十二日、信濃《しなの》国伊那《いな》郡駒場《こまんば》で落命したとの話があるが、伝説の域を出ない。

織田信長《おだのぶなが》も元亀《げんき》元年（一五七〇）五月十九日、千種《ちぐさ》街道の千草峠において鉄砲で狙撃され、かすり傷を負っている。信長めがけて二発撃ったのは、杉谷善住坊《すぎたにぜんじゅぼう》だった。依頼したのは信長に敗れ、甲賀《こうか》に潜んでいた元近江《おうみ》守護の六角義賢《ろっかくよしかた》（佐々木承禎《ささきじょうてい》）である。撃たれた信長は憤慨し、善住坊の行方を執拗《しつよう》に追わせ、ついに捕縛した。

天正元年九月十日、岐阜に送られた善住坊は土中に立った姿勢で埋められ、首だけ地上に出す格好で鋸《のこぎり》引《び》きにされ殺される。だが、その信長も天正十年六月二日未明、京都本能寺《ほんのうじ》に宿泊中、叛旗《はんき》を翻した明智光秀《あけちみつひで》の軍勢一万三千に襲撃され、天下取りを目前に自害した。享年四十九。

法よりも情

徳川家康により江戸幕府が開かれて数十年経《た》ち、政治も安定してくると戦国の遺風は廃され、文治政治への切り替えが進む。儒教思想が重んぜられ、法や制度が整備されて幕藩体制の秩序が守られるようになると、暗殺は違法行為と見なされる。

のちに『仮名手本忠臣蔵《かなでほんちゅうしんぐら》』として物語化された「元禄赤穂事件《げんろくあこう》」は、こうした社会を背景として起こった。元禄十四年（一七〇一）三月十四日、江戸城松の廊下において赤穂藩主で勅使饗応《きょうおう》役を務める浅野内匠頭長矩《あさのたくみのかみながのり》が高家《こうけ》の吉良上野介義央《きらこうずけのすけよしひさ》に刀で斬《き》りつけ、背中や額に傷を負わせた。これが、事件の発端である。

取り調べの席で、内匠頭は刃傷に及んだ理由を一切語らなかった。将軍徳川綱吉《つなよし》の裁断により内匠頭は田村右京大夫《たむらうきょうだゆう》邸に預けられて即日切腹、上野介はお構いなしとなる。こうして赤穂浅野家五万三千石の封は奪われ、四月十九日には赤穂城も明け渡された。

浅野家の家老大石内蔵助良雄《おおいしくらのすけよしお》は、なぜ主君が上野介に斬りつけたのかは知らない。しかし刃傷事件は「喧嘩」であり、ならば「両成敗」が適当との見解である。そこで家名再興と上野介の処分を幕府に働きかけた。だが、当然ながら幕府は威厳にかかわるから判決を翻したりはしない。

こうして元禄十五年十二月十四日午前四時ころ（現在の感覚で言えば十五日未明）、大石はじめ四十七名（四十六名とも）の赤穂浅野家旧臣は、江戸本所松坂町《ほんじょまつざかちょう》（現在の東京都墨田《すみだ》区両国《りょうごく》）に隠居する吉良上野介の屋敷に表門と裏門から討ち入った。約二時間後、上野介の首を落とし、高輪泉岳寺《たかなわせんがくじ》（現在の東京都港区高輪）の亡君内匠頭の墓前に供える。

主君の無念を晴らし、幕府の失策を問うこと、つまり意地を貫くことが大石らの目的だった。だが、公的な裁きが不満で相手を殺したのだから、幕府権力からすれば法秩序の破壊者である。

吉良邸討ち入り（歌川芳員『江戸絵日本史』国立国会図書館蔵）

本懐を遂げた大石ら四十六名は自首し、肥《ひ》後《ご》（細川《ほそかわ》）・伊予《いよ》松山（松平《まつだいら》）・長府《ちょうふ》（毛《もう》利《り》）・岡崎《おかざき》（水野《みずの》）の各大名家江戸屋敷に分割お預けとなった。官民双方から同情の声が沸き起こったが、幕府は法に従い元禄十六年二月四日、四十六名をお預け先の大名屋敷で切腹させ、遺骸は泉岳寺に埋葬する。観念論より法が優先されたのだ。

それでも寛延《かんえん》元年（一七四八）初演の人形

浄瑠璃《じょうるり》『仮名手本忠臣蔵』に代表される、事件をモデルにした物語により、大石らの名は忠臣として語り継がれてゆく。刃傷の原因は、上野介の内匠頭に対する執拗な嫌がらせだったなどの創作も加えられ、判官《ほうがん》びいきの日本人の琴線に触れる忠臣蔵物語が完成した。

当然ながら、幕府が赤穂浪士を顕彰することはなかった。しかし政権交代が行われるや、明治元年（一八六八）十一月五日、東京行幸中の明治天皇は権弁事《ごんのべんじ》山中献《やまなかけん》を泉岳寺の墓前に派遣し、大石らの行為を賞し、金幣を贈った（宮内庁『明治天皇紀・一』昭和四十三年）。つまり幕府の裁定は誤りだったことが「公認」され、大石らを祭神とする大石神社が大正元年（一九一二）に赤穂、昭和十年（一九三五）に京都山科《やましな》に創建された。

テロリストを神格化

田沼意次《たぬまおきつぐ》は九代将軍徳川家重《いえしげ》の近臣として活躍し、旗本から大名へと栄達を遂げた。つづく十代将軍家治《いえはる》は安永《あんえい》元年（一七七二）、意次に老中と側用人《そばようにん》を兼任させ、絶大な権力を握らせた。これを「田沼時代」と呼ぶ。

意次は商品経済を発展させ、幕府の財政立て直しを図ろうとする。だが、農村の貧富の格差は拡大し、天明《てんめい》の飢饉《ききん》をきっかけに全国で一揆《いっき》が頻発した。また、新規事業の利権に群がる業者が、役人に賄賂《わいろ》を贈るなどしたため政治も乱れる。

そこへ、若年寄で意次の後継者と目されていた長男意知《おきとも》が刺殺されるという事件が起こった。天明四年（一七八四）三月二十四日正午ころ、同僚の若年寄《わかどしより》らと殿中から退去しようとした意知は、新御番《しんごばん》の佐野善左衛門政言《さのぜんざえもんまさこと》に「覚えがあろう」と三度声をかけられ、刀で肩先や股《また》を傷つけられた。取り押さえられた佐野は伝馬町《てんまちょう》の揚屋牢《あげやろう》に投ぜられ、意知は受けた傷がもとで二十六日暁、息を引き取る。

評定所《ひょうじょうしょ》での取り調べで佐野は刃傷の理由として、田沼家に対する恨みの数々を挙げた。系図や領地をめぐるトラブルのほか、役付きの斡旋料《あっせんりょう》を騙し取られたとか、狩猟の功を奪われたとか、本当ならばひどい話である。

佐野善左衛門墓（台東区徳本寺）

結局佐野は乱心のすえ意知を傷つけ、落命させたとして四月三日、切腹させられた。享年二十八。これにより佐野家は改易となり、拝領の家屋敷は没収される。佐野の遺骸は菩《ぼ》提寺《だいじ》の浄土真宗徳本寺《じょうどしんしゅうとくほんじ》（現在の東京都台東《たいとう》区西浅草《にしあさくさ》）に運ばれ、土葬されて葬儀が営まれた（山田忠雄「佐野政言切腹余話」『史学・五十七巻四号』昭和六十三年）。

ところが、そうした事情とは別に佐野の墓が「世直し大明神」として、民衆の絶大なる人気を集めるようになる。田沼政治に対する不満が噴き出した現象だが、偶然にも事件直後から米価が下がったこととも関係する。

意知の死を機に父の意次は急速に勢いを失い、間もなく「田沼時代」は終焉《しゅうえん》を迎える。佐野の墓は徳本寺に現存するが、参詣者《さんけいしゃ》が削りとったため、ほとんど原形をとどめていない。民衆の政治に対する凄《すさ》まじい怒りは違法行為であるはずの暗殺を是とし、テロリストを世直しの神として崇《あが》めたのである。

第一章 「夷狄」を排除する

日本近代化の出発点などと称賛される「明治維新」は幕府を倒し、天皇親政へ回帰したため「王政復古」とも呼ばれる。正反対を向いているはずの「維新」と「復古」が共存し、政権交代まではともに「尊王攘夷《そんのうじょうい》」というスローガンを唱えていたのが、この大変革史の大きな特徴だろう。

アメリカのペリー艦隊来航から「明治」と改元されるまでの十数年間に、百件を超す暗殺事件が起こった。外国人や、幕府や藩の要人、さらには権力の末端にいる者にまで容赦なくテロの刃が向けられた。日本で有史以来これほどテロが頻発したのは、この時期だけである。

その大きな原因として考えられるのは、「天皇」の存在だ。「維新」は日本に接近してくる西洋列強に対抗するため、天皇を核とした近代的な統一国家づくりを目指した。一方「復古」は日本は神の国であり、神の子孫である天皇は世界に君臨するといった神国思想を根拠に、統一国家をつくろうとした。

神国思想はフィクションであり、一種の宗教であり、現実的とはいい難い。それでも狂信的な信奉者たちは自分たちが信じる唯一の「正義」を理解できない者、しない者を是が非でも排除しようとするから、テロが起こりやすくなった。外圧の危機に瀕《ひん》した日本は、たちまちテロ国家と化す。宗教で戦いを始めると歯止めが利かなくなるケースは、古今東西枚挙に暇《いとま》がないが、「明治維新」もまたそうした側面を持っていたのである。

大津浜異人上陸事件

常陸《ひたち》の水戸《みと》藩徳川家は、尊王攘夷論（尊攘論）発祥の地である。明暦《めいれき》三年（一六五七）、二代藩主徳川光圀《みつくに》が『大日本史《だいにほんし》』編纂《へんさん》を始め、天皇を日本の統治者として敬う尊王論が盛んになった。つづいて神州を汚す外敵を打ち払うという、攘夷論も盛んになる。

水戸藩は太平洋に面して一三〇キロメートルにも及ぶ海岸線を持つ。その北端の大津浜《おおつはま》で文政《ぶんせい》七年（一八二四）五月二十八日、イギリスの捕鯨船二艘《そう》が着岸し、十二名の乗組員が上陸するという事件が起こる。水戸藩はただちに総勢二百三十名を現地に派遣し、厳戒態勢を布《し》く。

六月三日から筆談で乗組員の尋問が行われたが、応接した水戸藩の儒者会沢正志斎《あいざわせいしさい》と飛田《とびた》逸民《いつみん》は、捕鯨は口実で真の目的は領土的野心にあると判断する。だが、乗組員の処遇を決める権限は水戸藩ではなく、幕府にあった。

十四日、駆けつけた幕府の代官古山善吉《こやまぜんきち》やオランダ通詞吉雄忠次郎《よしおちゅうじろう》らは取り調べのすえ、乗組員の上陸は本船にいる病人のための食料調達であり、他意はないとの主張を認める。幕府としては、できるだけ穏便に済ませたい。この寛大な措置を、水戸藩は幕府の弱腰と見た。

藤田東湖

のち、後期水戸学《みとがく》の大家になる藤田東湖《ふじたとうこ》は、このとき十九歳である。東湖が天保《てんぽう》十五年（一八四四）に著した『回天詩史《かいてんしし》』によると当時世間は、幕府は必ず旧法を厳守し、外国船を焼きすて、異人を殺して威力を海外に誇示すると期待していた。このため東湖の父で後期水戸学の祖とされる藤田幽谷《ゆうこく》は激怒し、血気盛んな東湖に乗組員の暗殺を命じる。

「則《すなわ》ち直《ただち》に夷人《いじん》の舎《いえ》に入り、臂力《ひりょく》を揮《ふる》ひ、夷虜《いりょ》を鏖《みなごろし》にし、然《しか》る後、従容《しょうよう》、官に就きて裁を請ふべし（自首せよ）」

東湖は承諾し、訪ねてきた親戚《しんせき》なども加わって別れの盃《さかずき》を酌み交わす。ところが東湖が出発しようとした矢先、大津村から急使がやってきて、すでにイギリス乗組員一行は食料や燃料を与えられ、船に乗って立ち去り、どこかへ行ってしまったと知らせる。死を決意していた東湖は、茫然《ぼうぜん》とするしかなかった。

その後、東湖はみずからも擁立に関わった九代目の藩主徳川斉昭《なりあき》の側近として藩政改革を指導した。斉昭は尊王論と攘夷論を併せて、尊王攘夷論とした。水戸の尊攘論は、やがて幕末の日本社会を席巻《せっけん》してゆく。

尊攘論高揚の背景には、西洋列強のアジア進出がある。いわゆる「鎖国」を続ける日本にも十九世紀になるとアメリカやイギリス、ロシアなどが相次いで通商を求めてきたが、いずれも幕府は拒絶した。しかし文化《ぶんか》三年（一八〇六）一月には「薪水《しんすい》給与令」、文政八年二月には強硬策の「異国船打払令」、そしてアヘン戦争でイギリスが清朝《しんちょう》中国を打ち負かしたと知るや、天保十三年七月には「薪水給与令」と、その方針が二転三転する。

「維新」と「復古」

アメリカ合衆国は中国貿易の寄港地や捕鯨の基地として、日本を利用したい。多くの期待を背負って嘉永《かえい》六年（一八五三）六月三日、四隻の黒船艦隊で江戸湾浦賀《うらが》沖に来航した東インド艦隊司令長官マシュー・C・ペリー提督は、江戸近辺で大統領の国書を渡したいと強引に幕府に迫った。九日、久里浜《くりはま》（現在の神奈川県横須賀《よこすか》市）に上陸したペリーは通商を求める国書を示し、幕府が来年返答すると約束したので十二日、江戸湾から去る。

アメリカの国書にどう対処するか、幕府は決断が下せなかった。そこで老中首座阿部正弘《あべまさひろ》は従来の法を破り、アメリカの国書を全国の諸大名に示して意見を募った。国政の蚊帳の外に置かれていた家門（徳川一門）や外様《とざま》大名たちは、活気づく。尾張《おわり》の徳川慶恕《よしくみ》、薩摩《さつま》の島《しま》津斉彬《づなりあきら》、越前《えちぜん》の松平慶永《よしなが》（春嶽《しゅんがく》）、宇和島《うわじま》の伊達宗城《だてむねなり》、土佐《とさ》の山内豊信《やまうちとよしげ》（容堂《ようどう》）など、いわゆる「有志大名」の出現である。

開明派の代表格である島津斉彬は積極的に西洋文明を導入し、富国強兵の実現を目指していた。嘉永四年、四十三歳で薩摩藩主となった斉彬は鹿児島に反射炉を築き、大砲製造に取り組むなど洋式軍備の充実を進める。合理的で近代的な、「維新」につながる尊攘論だった。

さらに老中阿部は七月三日、水戸藩前藩主で五十四歳になる徳川斉昭（烈公《れっこう》）を海防参与に任じて、幕閣に参加させる。かつて斉昭は幕府が異国船への対応を緩和するのを非難したため、譜代の老中から睨《にら》まれ、弘化《こうか》元年（一八四四）に処罰され、隠居させられていた。それだけに、斬新《ざんしん》な人事だった。

もっとも、斉昭の尊攘論は神国思想に基づく「復古」だった。後期水戸学のバイブルである会沢正志斎『新論《しんろん》』では日本は「神州」で、「天日《てんじつ》（日の神）」の子孫である歴代天皇は「固《もと》より大地の元首にして、万国の綱紀《こうき》（世界の頭首）」だと説く。

それでも「維新」の斉彬と「復古」の斉昭は海防、尊王攘夷の実現を目指して連携し、革新的勢力になる。斉彬や松平慶永たちは斉昭七男で御三卿《ごさんきょう》のひとつ一橋《ひとつばし》家を継いだ慶喜《よしのぶ》を、次期将軍候補に推す。このため、一橋派と呼ばれた。だが、これまで国政を担当してきた譜代大名らにとっては、「維新」も「復古」も幕府の秩序を壊しかねない危険な存在だった。

吉田松陰のペリー暗殺計画

長州の吉田松陰（寅次郎《とらじろう》）という二十四歳の若者は江戸でペリー来航の知らせを聞き、興奮しながら浦賀へ急行した。上陸したペリー一行を見物した松陰は嘉永六年（一八五三）六月十六日、肥後の同志宮部鼎蔵《みやべていぞう》にあてた手紙で、新興国アメリカに日本が屈したと悔しがる。そして、来年返答を受け取りにきたら「此《こ》の時こそ一当《ひとあて》にて日本刀の切れ味を見せ度《た》きものなり」と息巻く。

安政元年（一八五四）一月、ペリーは国書の回答を求め、七隻の艦隊で再来する。このままでは日米開戦が近いと予測した松陰は、宮部鼎蔵とともにペリー暗殺を企《たくら》む。その顚末《てんまつ》はのちに、

「僕微力を以《もっ》て膺懲《ようちょう》（外国を懲らしめること）を謀る。而《しか》して才なく略なく、百事瓦解《がかい》す」

「一日憤然として墨使（アメリカ使節）を斬らんと欲す」（「再び〔久坂《くさか》〕玄瑞《げんずい》に復する書」）

と書き残す程度で、詳しくは分からない。

だが、結局は益なくて害にしかならないと気づき、中止した。これは数回交渉のすえ三月三日、横浜村で日米和親条約が締結されたからである。条約により幕府は伊豆下田《しもだ》・蝦夷箱館《えぞはこだて》（函館）の開港、薪水・食料・石炭など必需品の補給、漂流民の救助、外交官の下田駐在などを認めた。

当時の若い知識人の多くがそうであったように、松陰は「維新」と「復古」の両面を併せ

吉田松陰

持つ。外圧の正体を知りたいと考えた松陰は三月二十七日深夜、下田からアメリカ密航を企てたが失敗し、幕府に捕らえられ、萩《はぎ》に送り返されて城下の野山獄《のやまごく》に投ぜられた。

　十二月五日、法を犯したことを実兄から手紙で非難された松陰は、次のように反論する。

「禁は是《こ》れ徳川一世の事、今時の事は将《まさ》に三千年の皇国に関係せんとす。何ぞ之《こ》れを顧みるに暇あらんや」

　法は徳川幕府が決めたにすぎず、三千年続く皇国のためなら破っても構わないと言い張るのだ。この発言は、後期水戸学の影響を感じさせる。藤田東湖は天保十五年（一八四四）八月脱稿の『常陸帯《ひたちおび》』で、制度や法は時々の支配者が自分たちに都合よく決めたものであり、「世の盛衰によりてその制度典章も自ら時の弊に流れゆくこと少なからず」と説く。尊王攘夷という「正義」は、必ずしも法の範疇《はんちゅう》で実現できるものではない。だから暗殺も肯定される。

松陰の持つ「復古」の顔が強く表れるのは、たとえば安政二年九月に始まる長州藩の大儒山県太華《やまがたたいか》との論争である。松陰は「天下は一人の天下なり（日本は天皇一人のもの）」と主張し、山県に「天下の天下」であり、天皇の独占物ではないと反論された。それでも神国思想を信奉する松陰は、天皇を神代から絶対の存在だと感情的に主張し、譲らない。山県は松陰のことを「皇国」などと唱え、君臣の分を曖昧《あいまい》にする秩序の破壊者と見なして危険視する。

一年余りを野山獄中で過ごした松陰は、実家の杉《すぎ》家に移り幽囚生活を送った。安政三年秋ころから松陰は松下村塾《しょうかそんじゅく》を主宰し、近隣の子弟に尊攘論、国防問題を熱心に説く。二年ほどの間に松陰のもとを訪れた塾生は九十二名を数えるが、うち七十三名に推定される者も加えると、全体の八三パーセントは武士身分だった（海原徹《うみはらとおる》『松下村塾の人びと』平成五年）。

外国人暗殺事件第一号

日米和親条約に続き、自由貿易を骨子とする日米修好通商条約が締結されたのは安政五年（一八五八）六月十九日のことである。条約により神奈川・長崎・箱館・新潟・兵庫の開港、江戸・大坂の開市などが決められた。

しかし、条約締結は勅許を得ていなかったため官民両方から幕府に非難が集中した。それでも幕府はオランダ・ロシア・イギリス・フランスとも同様の条約を結ぶ。「安政の五カ国条約」である。そして条約に従い、翌六年六月二日に箱館・神奈川（横浜）・長崎の開港、江戸・大坂の開市、外交官の駐在などを実行する。

だが、神州を異人に土足で踏みにじられたと憤る攘夷家が、黙っているはずがない。イギリスの外交官アーネスト・サトウは開港当初の横浜の緊迫した空気を、次のように語る。

「外国人は続々神奈川や横浜へやって来ていたが、これらの外国人は、日本の礼法に従って卑屈にぺこぺこしなければならぬこの国の町人とは全く異なり、自主的な態度を保っていたので、尊大な侍《サムライ》たちの感情を害していた」（坂田精一《さかたせいいち》訳『一外交官の見た明治維新・上』昭和三十五年）

攘夷家たちは当初、外国人を見ると罵声《ばせい》を浴びせ、石をぶつけ、刀を抜いて脅したりしていたが、七月二十七日夜、開港から二カ月足らずでついに暗殺事件が起こった。

殺されたのはロシア艦アスコルド号の水夫イワン・ソコロフ（即死）と海軍少尉ロマン・モフェト（重傷のち死亡）である。かれらは他の二名と上陸し、横浜三丁目あたりで食料品を買って帰ろうとするところを背後から暴漢に襲われた。ソコロフもモフェトも頭を割られ、あちらこちらを刀で切られたり、刺されたり、えぐられたりという凄惨《せいさん》な殺され方だったという。これが開港後に起こった、外国人暗殺事件第一号となった。

事件は居留地に住む外国人たちを震撼《しんかん》させるのに、十分だった。だが、ロシア側は力任せの報復的手段に出ると、居留地の外国人も危険にさらされる可能性を考慮し、穏便に済ませることにする。幕府高官による謝罪、現場に急行しなかった神奈川奉行水野筑後守《みずのちくごのかみ》の罷免、犯人逮捕と処刑、殺されたロシア人のための礼拝堂建立などの条件をロシア側から突き付けられた幕府は、すべてを承諾せざるをえなかった。

もっとも、犯人は不明のままいったんは迷宮入りとなる。ところが数年後、攘夷実行を目指して筑波山《つくばさん》に挙兵するも敗れた水戸天狗党《てんぐとう》のひとり小林幸八《こばやしこうはち》が犯人だったと判明した。小林は慶応《けいおう》元年（一八六五）五月、横浜で処刑されたという（宮永孝《みやながたかし》『幕末異人殺傷録』平成八年）。

頻発する外国人暗殺

外国人とその関係者に対する攘夷家のテロは、その後も続く。

安政六年（一八五九）十月十一日夜にはフランス領事代理の召使である清国人（名前不

詳）が、横浜弁天《べんてん》通りで二名の武士に暗殺された。清国人は洋服を着てブーツを履き、フェルト帽をかぶっていたから、西洋人に間違われたらしい。

犯人はまたも不明だったが、後年水戸天狗党に加わるも敗走し、京都で捕らえられた小林忠雄だと判明する。慶応元年（一八六五）八月十一日、横浜戸部《とべ》村で斬首された。また、水戸の高倉猛三郎《たかくらもさぶろう》が連累者として遠島に処されている（『幕末異人殺傷録』）。

つづいて万延《まんえん》元年（一八六〇）一月七日午後、江戸の高輪東禅寺《とうぜんじ》に置かれたイギリス仮公使館に通訳として雇われていた通称ボーイ伝吉《でんきち》が、暗殺された。漁師だった伝吉は漂流し、清国などで十年近く暮らした。生まれは土佐ともいわれているが、紀伊《きい》が正しいらしい（『幕末異人殺傷録』）。異国で苦労を重ねたすえ安政元年七月に帰国し、イギリス公使館でボーイとして働いていた。しかし日ごろから驕慢《きょうまん》な態度で日本人を見下し、憎まれていたという。人目のある公使館近くで武士らしき男に背中を短刀で突き刺され、門番のところまでよろよろと戻ってきたが間もなく絶命した。

遺骸の傍らに建てられた建札には「伝吉、汝《なん》ぢ夷奴《いど》に媚《こ》び国辱を曝《さ》らし、その罪恕《ゆる》し難し。依《より》て天罰加へる者也」との斬奸状《ざんかんじょう》があったが、犯人はついに分からなかった。中里機庵《なかざときあん》『幕末開港 綿羊娘《ラシャメン》情史《じょうし》』（昭和六年）によれば、伝吉が外国人に斡旋した日本女性お花と関係があった野州《やしゅう》浪人桑島三郎《くわしまさぶろう》が犯人だというが、確証はない。麻布《あざぶ》の光林寺《こうりんじ》に葬られ、英文を刻んだ墓碑が現存している。

さらにその年二月五日午後七時ころ、横浜の本町《ほんちょう》通りでウェセル・ド・フォスとナニング・テーツカーというオランダ商船の船長二名が、ずたずたに斬られて死ぬという事件が起こった。オランダ総領事はただちに幕府側に激しく抗議するが、犯人はまたも不明だった。幕府は二名の未亡人にメキシコドルで二万五千ドルずつ賠償金を払い、なおいっそう取り締まりを強化した（『幕末異人殺傷録』）。

ところが九月十七日夕方、今度はフランス公使館が置かれた江戸三田《みた》の済海寺《さいかいじ》門前で館員ナタールが、四、五名の武士らしき者と口論になり、重傷を負うという事件が起こる。犯人はある程度目星がついていたようだが、結局は捕らえられなかった。

ウェセル・ド・フォスの墓（横浜外国人墓地）

吉田松陰の老中暗殺計画

溜《たまりの》間《ま》詰《づめ》筆頭の彦根《ひこね》藩主井伊《いい》直弼《なおすけ》は安政五年（一八五八）四月二十三日、幕政全般を統轄する大老職に任ぜられた。井伊は六月十九日に勅許がないまま日米修好通商条約に調印し、同月二十五日にはみずからが推す紀州《きしゅう》藩主徳川慶福《よしとみ》（家茂《いえもち》）が次期将軍に内定したと発表した。さらには政敵の徳川斉昭や一橋慶喜らを、表舞台から遠ざける。井伊ら譜代大名が目指したのは「維新」でも「復古」でもなく、幕府権威の立て直しだった。

井伊独裁にブレーキをかけようとした孝明《こうめい》天皇は八月、勅許なしの条約調印を非難し、幕政改革を求める勅書を水戸藩と幕府に下す。いわゆる「戊午《ぼご》の密勅」である。一大名に直接勅が下るなど、前代未聞だ。面目を潰《つぶ》された井伊は水戸藩に圧力をかけ、勅の効力を封じ込めた。さらに、密勅降下の関係者に対し「安政の大獄」と呼ばれる弾圧を始める。

松下村塾を主宰する吉田松陰はすでに外国人を暗殺したところで、外圧を除けるとは思っていない。日本が東アジアを制すれば、アメリカ・ロシアに対抗できると考えている。そのためには幕府内部を改造する必要があり、松陰は局面打開のため九月九日、門下生の松浦亀《まつうらかめ》太郎《たろう》（松洞《しょうどう》）に手紙で紀州藩付家老水野《みずの》忠央《ただなか》の暗殺を指示し、「一人の奸猾《かんかつ》さへ仆《たお》し候へば天下の事は定まり申すべく候」と述べ、乙巳《いっし》の変で「入鹿を誅《ちゅう》した事実を覚えて居る人は一人もなきか」とも嘆く。ただし手紙を受けた松浦は、暗殺を実行しなかった。

十月末ころ、松陰のもとに薩摩の主唱で尾張・水戸・越前の同志が連合し、江戸で井伊暗殺を企んでおり、長州にも協力を求めてきたとの知らせが届く。実際は四藩連合はまだ行われていないのだが、松陰は真に受け、井伊暗殺が実行されたら「天下の大論是れより起るなり」（十一月四日、増野徳民《ましのとくみん》あて）と期待する。だが、松陰はいまから長州が加わっても手柄は先の四藩に奪われるとも考えた。そこで自分たち長州は、京都で弾圧の指揮を執る老中間《ま》部詮勝《なべあきかつ》を暗殺して「勤王の一番槍《いちばんやり》」になろうとする。刺客とするため「死を畏《おそ》れざる少年」を探したりもする（十月末、小国《おぐに》剛蔵あて）。

十一月に入り、松陰は門下生の中から岡部富太郎《おかべとみたろう》・寺島忠三郎《てらしまちゅうざぶろう》・有吉熊次郎《ありよしくまじろう》ら十七名の暗殺の同志を得た。十一月六日、藩の重役周布政之助《すふまさのすけ》にあてた手紙では十七名を率いて京都へ赴き、間部を暗殺する旨を知らせる。

「私共時事憤慨黙止《もくし》し難く候間、連名の人数早々上京つかまつり、間部下総守《しもうさのかみ》・内藤豊後《ないとうぶんごの》守《かみ》打ち果し、御当家勤王の魁《さきがけ》つかまつり、天下の諸藩に後れず、江家《ごうけ》（毛利家）の義名末代に輝かし候様つかまつりたく存じ奉り候」

同日、松陰は藩重役の前田孫右衛門《まえだまごえもん》にも手紙を書き、暗殺のため「クーボール（連射砲の一種）三門・百目玉筒五門・三貫目鉄空弾二十・百目鉄玉百・合薬五貫目貸し」てほしいと願い出る。驚いた周布たちは藩主に願い、「学術不純」を理由に松陰に厳囚の命を出す。つづいて十二月二十六日、松陰は再度野山獄に投ぜられた。

大獄を続ける幕府は、松陰を江戸へ呼び出す。松陰は暗殺計画が発覚したと思う。安政六年五月二十五日朝、罪人用の駕籠《かご》に乗せられ、家族や門下生に見送られて萩を発《た》ち、江戸に向かう。だが、幕府は浪人学者梅田雲浜《うめだうんぴん》と松陰の関係を疑っていた程度だった。

拍子抜けしたのか、奉行の誘いに乗った松陰は自分は死罪に匹敵する罪を犯していると言い出す。そのひとつとして「会々《たまたま》間部侯上京して朝廷を惑乱するを聞き、同志連判し上京して侯を詰《なじ》らんと欲す」と、暗殺計画を仄《ほの》めかすが、それが墓穴を掘った。のち三回の取り調べを経て十月二十七日、伝馬町獄の刑場で斬罪に処される。享年三十。大獄の処罰者は百名を超え、うち死罪（切腹・斬首）は松陰を含め八名だった。

桜田門外の変

「戊午の密勅」に対する大老井伊直弼側の反撃が「安政の大獄」で、水戸側のさらなる反撃が「桜田門外の変《さくらだもんがいのへん》」である。事件に至るまでは薩摩（維新）、水戸（復古）というふたつの流れがあるのだが、ここでは水戸側を中心に見てゆきたい。

水戸藩に下った勅は大老井伊の圧力により効力が封じ込められ、朝廷からは勅書返納を命じる勅が出る。孝明天皇の後ろ盾を失った水戸藩では隠居中の前藩主徳川斉昭の指示により、安政六年（一八五九）九月末、勅をひそかに江戸から水戸へ運び、水戸城内の祖廟《そびょう》に納めてしまった。しかし井伊は水戸藩に返納を迫り、応じなければ違勅の罪になると脅す。

水戸藩の首脳部は穏健派が主流になっていたから、勅を朝廷に返すことに決めた。だが、返納に反対する高橋多一郎《たかはしたいちろう》・関鉄之介《せきてつのすけ》らは追い詰められたあげく、脱藩して浪士となって江戸へ向かう。そして、盟約を結んでいた薩摩の同志とかねてからの計画を実行に移そうとする。それは大老井伊を殺し、横浜の外国人商館を焼き払い、薩摩藩兵三千の上京を待ち、東西呼応して一挙に幕府を大改造するといった計画だった。

先に井伊暗殺を唱えたのは、薩摩の方である。藩主島津斉彬は局面打開のため、朝廷保護を名目として薩摩藩兵三千を率いて上京の準備を進めていたが、安政五年七月十六日、鹿児島で急逝してしまった。斉彬の遺志を継ごうとする大久保正助《おおくぼしょうすけ》（利通《としみち》）をリーダーとする誠忠組《せいちゅうぐみ》は脱藩して水戸の同志と合流し、挙兵しようとする。ところが安政六年十一月、藩主島津茂久《もちひさ》（忠義《ただよし》）は斉彬の遺志を継ぎ、天朝を保護し、国家の柱石を建てるとの告諭を出

刺客のひとり蓮田市五郎が描いた井伊直弼襲撃の図（部分『桜田義挙録』）

す。感激した誠忠組の大半は、計画から脱落してしまった。

それでも江戸に残っていた誠忠組の有村《ありむら》雄助《ゆうすけ》・次左衛門《じざえもん》兄弟は、水戸浪士たちとともに計画を進める。かれらは三月一日、江戸日本橋《にほんばし》西河岸の山崎楼《やまざきろう》に集まり、三日、上巳《じょうし》の節句の賀詞を述べるため江戸城に登る大老井伊を、桜田門外で要撃《ようげき》すると決める。決行前夜は品川《しながわ》の酒楼土蔵相模《どぞうさがみ》で宴を催し、朝まで飲み続けたという。

三月三日朝、夜半より降り出したあられ混じりの雪は、まったくの雪となって積もった。愛宕山《あたごやま》に集合した十八名は桜田門外を目指したが、その名は次のとおりである。

関鉄之介・森五六郎《もりごろくろう》・山口辰之介《やまぐちたつのすけ》・佐野《さの》

竹之介《たけのすけ》・大関和七郎《おおぜきわしちろう》・広岡子之次郎《ひろおかねのじろう》・稲田重蔵《いなだじゅうぞう》・森山繁之介《もりやましげのすけ》・海後嵯磯之介《かいごさきのすけ》・黒沢忠三《くろさわちゅうさぶ》郎《ろう》・杉山弥一郎《すぎやまやいちろう》・斎藤監物《さいとうけんもつ》・鯉淵要人《こいぶちかなめ》・広木松之介《ひろきまつのすけ》・蓮田市五郎《はすだいちごろう》・岡部三十郎《おかべさんじゅうろう》・増子金《ましこきん》八《ぱち》・有村次左衛門（薩摩の有村以外は、みな水戸）。

午前九時ころ、『武鑑《ぶかん》』を片手に大名行列見物を装っていた浪士たちはピストルの合図とともに、登城する井伊の駕籠めがけ左右からいっせいに斬り込んだ。井伊の家臣たちは百二十名ほどだが、みな雨合羽《あまがっぱ》を着、刀は雪水の浸透を防ぐため柄袋《つかぶくろ》を付けているので即座には応戦できない。抜刀できないまま浪士に斬られ、死傷者が続出した。

浪士たちは駕籠の中に何度も刀を刺し、手ごたえがあったとみるや、戸を開けて十数ヵ所負傷した井伊を引き出し、首を打った。勝負はわずか三分でついたという。

井伊の首をとったのは薩摩の有村だったが、井伊の家臣に背後から斬りつけられ、重傷に堪えかねて自決した。ほかに負傷し自決したのが山口・鯉淵・広岡。現場で闘死したのが稲田。龍野《たつの》藩邸に自首したのが黒沢・佐野・斎藤・蓮田、肥後藩邸に自首したのが森・大関・森山・杉山。かれらは大名屋敷で没するか、のちに伝馬町獄で処刑されている。現場から姿を消した関・岡部・広木・増子・海後のうち岡部・関は後日捕らえられ、伝馬町で斬。広木は同志の三周忌に鎌倉で自決。生きて明治の世を見たのは増子・海後の二名だった。

なお、横浜の貿易商中居屋重兵衛《なかいやじゅうべえ》がアメリカ商館から五連発短銃二十挺を入手し、ひそかに浪士たちに贈ったという（佐佐木杜太郎《ささきもりたろう》『開国の先覚者 中居屋重兵衛』昭和四十七年）。井伊の遺骸を診た藩医の岡島玄達は、太股から腰に抜ける貫通銃創を報告しているから、撃たれたのは確かだろう（吉田常吉《よしだつねきち》『井伊直弼』昭和三十八年）。誰が撃ったのか、それが致命傷になったのかは、定かではない。

なぜ井伊を殺すのか

「維新」の大半は計画から脱落し、「復古」のエネルギーで強引に大老井伊直弼は葬り去られた。浪士たちが暗殺の大義名分を記した「斬奸《ざんかん》趣意書」では井伊が外国の「虚喝《きょかつ》」に屈して条約を結んだとし、「実に神州古来の武威を穢《けが》し、国体を辱しめ」と非難する。さらに戊午の密勅の扱い、安政の大獄で朝廷関係者まで処分したこと、天皇に譲位を言わせたことなどの責任を井伊に集中させる。

「かかる暴横《ぼうおう》の国賊、そのまま指し置き候はば、ますます公辺の御政体を乱り、夷狄《いてき》の大害を成し候様眼前にて、実に天下の安危存亡に拘《かか》はり候事故、痛憤黙止難く、京師へも奏聞に及び、今般天誅《てんちゅう》に代り候心得にて、斬戮《ざんりく》せしめ候」（東京大学史料編纂所編『明治維新史料選

集・上』昭和四十五年）

放っておいたら、外国人の好き勝手にされるから、天に代わって井伊を殺すのだと言う。また、幕府と敵対する気は毛頭ないと断り、「聖上の勅意（天皇の意）」を将軍が実現するといった本来のシステムに戻すのが目的だと述べる。「神州」「国体」「国賊」「天誅」と、昭和二十年（一九四五）の敗戦まで続く神国思想に基づくおなじみのキーワードが、この趣意書には出揃《でそろ》っている。

桜田門外の変の現場

ともかく白昼堂々衆人の眼前で、幕閣トップが暗殺されたのだ。幕府権威の失墜に直結したのは当然だが、そもそもは幕府内の主導権争いである。にもかかわらず浪士たちの霊は明治二十二年（一八八九）、靖国神社に合祀され、同三十五年には追贈も行われた。一方、井伊は靖国神社に合祀されることもなく、追贈もなかった。

桜田門外の変、その後

大老井伊の命は奪ったが、これは計画の序幕にすぎない。

次は京都で勅を仰ぎ、幕府内を改造する計画だが、薩摩藩が動かなかったため、すべて失敗に終わった。

井伊暗殺を見届けた水戸の金子孫二郎《かねこまごじろう》と薩摩の有村雄助は、ただちに駕籠で江戸を発ち西国に走ったが、万延元年（一八六〇）三月九日深夜、伊勢四日市《いせよっかいち》で薩摩藩の役人に捕らえられてしまう。金子は伏見《ふしみ》奉行所に引き渡され、のち江戸伝馬町で処刑。有村は薩摩に送還され、切腹させられた。水戸の高橋多一郎は息子庄左衛門《しょうざえもん》らとともに大坂に潜伏したが、三月二十三日、東町《ひがしまち》奉行所の捕吏に追われ、四天王寺《してんのうじ》の寺侍宅に逃れて自決した。

一方、主君を殺された彦根藩井伊家も、慎重に動かざるをえなかった。彦根藩主だった井伊は、嗣子（後継者）を決めぬまま死んだからである。法に従えば、井伊家三十五万石は断絶してしまう。そこで表向きは井伊は負傷したと幕府に届け出る。誰の目にも明らかな、見え透いた嘘《うそ》である。それでも老中安藤信睦《あんどうのぶゆき》（信正《のぶまさ》）は、この届け出を認めた。認めなければ彦根藩士が仇討《あだう》ちと称して小石川《こいしかわ》の水戸藩邸を襲撃しかねず、江戸が戦場になってしまう。

彦根藩では井伊と側室との間に生まれた愛麿（直憲《なおのり》）をただちに跡継ぎと決め、事件から五十六日経った閏《うるう》三月二十八日に、井伊が治療の甲斐《かい》なく死んだと発表した。これらを幕府が公認したため、彦根藩は取り潰しを免れた。だから、東京世田谷《せたがや》の豪徳寺《ごうとくじ》に現存する井伊の墓碑の側面には「閏三月二十八日歿《ぼっ》」と刻まれている。

それから二年後の文久《ぶんきゅう》二年（一八六二）、叡慮《えいりょ》（天皇の意）は攘夷であると公表され、急進的な尊攘論が勢いを持つ。幕府は勅許なしの条約調印の責を、亡き井伊に背負わせた。彦根藩は京都守護を免ぜられ、蒲生《がもう》・神崎《かんざき》郡の上知を命ぜられ、藩主直憲は差控《さしひかえ》、十万石減知という厳しい処罰を受ける。

ただ、桜田門外で主君を護《まも》ろうとして闘死した井伊側の八名は忠臣として、称《たた》えられたのはせめてもの救いだろう。柏村徳之丞《かしむらとくのじょう》・加田九郎太《かたくろうた》・日下部《くさかべ》三郎右ヱ門《さぶろうえもん》・草部鍬・佐和村《さわむら》軍六《ぐんろく》（沢村軍六）の勇姿などは明治初年、「近世義勇伝」シリーズの中で錦絵《にしきえ》の題材になっているほどだ（二代芳艶《よしつや》・箕輪其村《みのわきそん》画、加藤寧蔭《かとうねいいん》蔵板）。あるいは明治十九年（一八八六）、井伊の墓の傍らに「桜田殉難八士之碑」が建立されて顕彰された。

一方、無傷で藩邸に帰ってきた七名は文久二年、絶家となり斬に処されている。主君の危機に遭遇したさいどのように動いたかで、はっきりと明暗が分かれたのだ。武士の社会では戦わぬ者に対し、ここまで冷酷なのである。

水戸浪士の長い刀

久里浜に上陸したペリー一行を見た吉田松陰は「日本刀の切れ味」を見せてやると意気込んだが、もちろん人間を斬った経験などない。周囲にもそのような者は、ほとんどいなかった。学者の松陰は幼少のころから剣術修業を免ぜられていたようだから、もしペリーに斬りかかっても、ぶざまな結末になっていたのは想像に難くない。

大老井伊を暗殺した浪士たちの、刀にまつわる話が意外とたくさん残っている。どんな刀で、どのように殺したのか。いつ、同じ立場に立たされるかもしれない幕末の武士たちは、強い関心を寄せた。

浪士のひとり森五六郎は一時、稲葉伊予守《いなばいよのかみ》邸に預けられたが、同家の臣 某《なにがし》が森から聴取した談話を「森五六郎物語」としてまとめている（岩崎鏡川《いわさききょうせん》『桜田義挙録・花』明治四十四年）。あるとき某が、

「刀の長短軽重は議論もある事で御座るが、実際その場に臨みての利便は如何《いかが》でござるか」

と問うと、森はにっこりとし、次のように答えたという。

「この度の挙に就ては、同志の中で、水戸の上手な鍛治《かじ》に申し付け、目方も余程重き物を鍛はせたる者もござつたが、拙者の差料《さしりょう》は二尺八寸、随分長く重き造りでござつた。実戦の

さいは、何を用ひしか分らぬもので、実に張合が無く覚へた」

　つづいて某が、

「平日の稽古《けいこ》に、突《つき》を入れ、胴を払ふと云《い》ふことがござるが、果して実地の域にあたりては、益のある事でござるか」

と問うと、森は、

「打合の場合になつては、拙者抔《など》は気が逸《はや》り、唯《た》だ寸の延びたる物にて、滅多打《めったうち》に打《うつ》より外なく平日《ふだん》稽古の心得とは、大違ひ、中々、突などの入るものでは、ござらぬ」

と答えた。

　浪士のリーダー格だった斎藤監物は自首した龍野藩邸から肥後藩邸に移されていたが、重傷のため三月八日、三十九歳で没した。斎藤が現場で振った刀は没後行方不明になったが、明治二十年（一八八七）ころ、静岡の草間洗平《くさませんぺい》という者が「於千住落釣胴（千住《せんじゅ》に於《お》いて釣胴《つりどう》を落とす）斎藤監物」と刻む、長さ三尺ほどの無銘の刀を入手した（『桜田義挙録・花』）。千住小塚原《こづかっぱら》の刑場で罪人を試し切りした刀との意味だろう。

　幕府が定めた刀の「定寸」は二尺三寸、およそ七〇センチで、三尺以上の帯刀は禁じられていたというから、森の二尺八寸、斎藤の三尺は平均よりもずいぶん長い刀ということになる。しかも森は実戦のさいは、相手をめった打ちにできる長い刀が役立ったと語っている。これが一因となったのか、以後「志士」たちの間で長い佩刀《はいとう》が流行した。

浪士中、黒沢忠三郎は左翼隊の先鋒《せんぽう》だったから、相当な傷を負った。肩先に九寸余り、耳は切り落とされ、左の腋下《わきのした》へかけても九寸余りという重傷である。奮戦した黒沢の刀も、引き裂かれた紙のごとく刃こぼれしていた。あまりにも見事な刃こぼれだったから、取り調べた評定所が将軍に見せたほどである。ある大名も見たいと希望したが、黒沢は「粗末な刀であるから容赦」と、自分で絵図面を描き差し出した(『桜田義挙録・花』)。

ヒュースケン暗殺事件

万延元年(一八六〇)十二月五日夜、日本駐劄《ちゅうさつ》アメリカ総領事ハリスの秘書兼通訳を務めていたヘンリー・ヒュースケンが暗殺された。これも、外国人を毛嫌いする攘夷家による暗殺事件のひとつとされる。

ヒュースケンは実はオランダ人だった。一獲千金を夢見て渡米したが、ニューヨークでハリスの知遇を得、来日した。以来、大変な親日家になったようで、西洋によってもたらされた日本の開国が本当の進化なのか疑問視していたことなども、『日本日記』(岩波文庫で平成元年翻刻）からうかがえる。オランダ語のほか英・仏・独の三カ国語を話せたので、ハリスの補佐役として重宝がられた。さらにはプロシア使節オイレンブルク伯の仕事も手伝っていたが、その日午後八時半ころ、プロシア国公使館の赤羽接遇所《あかばね》を後にし、馬にまたがって麻布善福寺《ぜんぷくじ》のアメリカ公使館の宿舎に帰ろうとした。

ところが麻布薪河岸《まきがし》に差しかかったところ、道の両側から数名（数については四、五名とも七名とも）がヒュースケンに襲いかかり、両脇腹を斬った。一瞬の出来事で、ヒュースケンは抵抗することも、ピストルを抜くこともできなかった。拍車がかかった馬は約一八〇メートル疾走し、ヒュースケンは振り落とされた。警護役の騎馬役人三名も、徒士《かち》も、馬丁も逃げてしまい、助けには来なかった。ヒュースケンは十五分ほど路上でもがき苦しんだ後発見され、戸板に乗せられて善福寺の一坊善行寺《ぜんぎょうじ》にかつぎ込まれた。

『ニューヨーク・タイムズ』紙一八六一年四月二十二日付によると「かれの傷で致命的であったのは、へその辺りから腰までの下腹部を切ったもので、内臓が露出し、腸が切断されていた。切られていたのは腸の一部ばかりか、かれの洋服もハサミで切ったようにきれいに斬られていた」という。医師たちの懸命な治療にもかかわらず、午前零時半ころ、出血多量のため満二十八歳の生涯を閉じた（『幕末異人殺傷録』）。

犯人はまたも不明

片腕のヒュースケンを失ったハリスの嘆きは大きく、犯人を訴え出た者には二百五十両の賞金を出すとまで言った。幕府高官も次々と弔問に訪れ、犯人を見つけるよう最善を尽くすと約束する。葬儀は万延元年（一八六〇）十二月八日午後一時、麻布の光林寺で行われ、後日ハリスにより英文を

ヒュースケンの墓（港区光林寺）

刻んだ墓が建てられた（現存する）。もっともハリスは墓碑銘の中で、なぜか暗殺には触れなかったから非難されたりもした。

知らせを受けたアメリカ政府では軍事力で日本を威嚇しようとの意見も出たが、結局は幕府がアムステルダムに残されたヒュースケンの母親に慰藉料《いしゃりょう》四〇〇〇ドル、扶助料六〇〇〇ドルの計一万ドルを支払うことで一応の決着がつく。

しかし犯人は、ついに分からずじまいだった。『幕末開港　綿羊娘情史』には「ヒュース

ケンを殺したのは、薩摩の浪士伊牟田尚平《いむだしょうへい》、神田橋直助《かんだばしなおすけ》、樋渡清明《ひわたしきよあき》であるが、この外に二三名加担してゐた。しかし直接の加害者は右三浪士」と断言する。しかも伊牟田らが本来狙っていたのはプロシア公使だったが警戒厳重で果たせず、ヒュースケンをターゲットにしたのだともいう。

もっとも、三浪士がこの事件で捕らえられたという史実はない。伊牟田は薩摩藩の陪臣で、脱藩して尊攘運動に加わっていたが、残忍な男だったようで、その末路も血なまぐさい。明治元年（一八六八）六月十五日、上田修理とともに近江長浜《ながはま》の豪商今津屋《いまづや》弥十郎《じゅうろう》方へ強盗に入り、主人の耳を引きちぎり、さらに一名を殺害して四千両近くを強奪したため、翌二年七月、名字帯刀取り上げの上処刑され、京都三条《さんじょう》に梟首《きょうしゅ》されたという（異説あり）。

いつも犯人が捕らえられないというのは不気味な話で、アーネスト・サトウは「外国人たちは、日本は命がけの生活をしなければならぬ国だと思うようになり、すでに多くの実例のあるこうした不幸な最期を遂げるのを恐れて、居留民は一般に戦々兢々《きょうきょう》として暮らしていた」（『一外交官の見た明治維新・上』）と述べている。

『幕末開港　綿羊娘情史』にはヒュースケンと江戸の町娘との恋愛話が紹介されているが、『幕末異人殺傷録』には日本側の公文書から判明した侍妾《じしょう》として「お福」「おきよ」「おまつ」「おつる」と、四名の名を挙げる。なかなかの艶福家《えんぷくか》で、特に最後まで一緒に暮らしていたおつるとの間には男の子をもうけていた。そういうところも、攘夷家の逆鱗《げきりん》に触れたのかもしれない。

東禅寺イギリス公使館襲撃

イギリス公使ラザフォード・オールコックは安政六年（一八五九）五月、着任するや江戸高輪の東禅寺（臨済宗《りんざいしゅう》）を仮公使館とした。同じころアメリカは麻布の善福寺、フランスは三田の済海寺、オランダは芝《しば》の西応寺《さいおうじ》をそれぞれ仮公使館とする。イギリスのアーネスト・サトウは「東禅寺は海に面する高輪の町はずれにあったので、艦隊との通信には好都合だった」と述べている（『一外交官の見た明治維新・上』）。

幕府は諸藩に警護を命じたが、なかには外国人を護衛することに内心反発する者も多かった。このためイギリス公使館警護を命じられた福山《ふくやま》藩では藩主阿部正教《あべまさのり》が万延元年（一八六〇）十二月二日、重臣たちに手紙を送り、「もし此《こ》の度《たび》手抜き等これ有り候て、切込み候義これ有り候て夷人へ疵《きず》付け」られたら「天下の擾乱《じょうらん》」になると注意する（文京《ぶんきょう》ふるさと歴史館蔵）。寺側にとっても物騒で、迷惑な任務だった。

事実イギリス仮公使館が置かれた東禅寺は、二度も襲撃を受けている。一回目は有賀半弥《あるがはんや》・岡見留次郎《おかみとめじろう》・前木新八郎《まえぎしんぱちろう》をリーダーとする水戸浪士ら十四名（異説あり）が文久元年（一八六一）五月二十八日午後十一時ころ、襲った。

公使オールコックは万延元年九月には日本一の霊峰富士山《ふじさん》に登り、頂上で測量まで行った。文久元年、香港《ホンコン》からの帰途、長崎から海路を選ばず、陸路江戸へ戻った。途中、富士山に向かい脱帽、敬礼している。それらの行為が攘夷家たちを刺激することは、百も承知していたはずである。こうした不遜《ふそん》で挑発的な態度がさらなる反発を招き、京都に立ち寄って見物したとの噂《うわさ》まで立った。実際は京都入りは幕府が阻止したのだが、噂だけが一人歩きした。「神聖なる帝都の地を踏みたりとの報に接し、血気にはやる水戸の志士は今は是迄《これまで》と爆発し、終《つい》に高輪東禅寺の襲撃となった」と、澤本孟虎《さわもともうこ》『水戸幕末風雲録』（昭和八年）は述べる。

館員はオールコックのほか、一等書記官のローレンス・オリファント、第一補助官で会計官のアルベ・A・J・ガウア、そして五名の通訳見習いがいた。また事件当夜は長崎のイギリス領事ジョージ・S・モリソンと、『イラストレイテッド・ロンドン・ニュース』紙の日本特派記者チャールズ・ワーグマンが宿泊していた。

当時、東禅寺警護は西尾《にしお》・郡山《こおりやま》藩のほか、幕吏の中から選抜された番兵が務めていた。

『イラストレイテッド・ロンドン・ニュース』に描かれた東禅寺事件

浪士たちは正門より乱入し、ただちに館内に迫っている。

　しかしオールコックの寝室が分からず、暗闇《くらやみ》の中を迷っているうちに有賀半弥・古川《こかわ》主馬之介《しゅめのすけ》が警護の武士と闘い、討たれた。榊鉞三郎《さかきおのさぶろう》は負傷して捕らえられて獄に下り、十二月十五日斬に処された。他は退散したものの逃げ切れずに自決したり、捕らえられて斬られたりしてほぼ全滅している。一方、護衛側は幕臣の江幡吉平《えばたきちへい》が闘死し、厩中間《うまやちゅうげん》の熊吉《くまきち》が斬殺された。公使館員はオリファントとモリソンが負傷したが、オールコックは無傷だった。

　有賀の懐中から見つかった一書によると「夷狄の為に穢《けが》れ候を傍観致し候に忍びず、今度尊攘の大義に基き決心つかまつり」がテロの理由で、「此の後、追々夷狄御退攘の基」になりたいと述べており、神国思想の信奉者だったことが分かる。

事件は西洋列強の態度を硬化させ、幕府を窮地に立たせる。イギリス政府は清国に派遣している艦隊の一隊を呼び戻し、幕府は要求されるままに負傷者二名に対し、賠償金一万ドルを支払わされた。さらには幕府の費用で、各国公使館を品川御殿山《ごてんやま》に建設すると約束させられる。御殿山は品川宿や江戸湾を見下ろす軍事的な要地であるし、何より花見の名所だったから、官民両方から激しい反対の声が沸き起こった。

有賀はじめ十二名の刺客の霊は明治二十二年（一八八九）に靖国合祀され、同四十四年には贈位も行われた。しかし護衛側でテロに斃《たお》れた江幡や熊吉を、国家が顕彰することはなかった。

第二章　「人斬り」往来

江戸時代の天皇は元和《げんな》元年（一六一五）に定められた「禁中並公家諸法度《きんちゅうならびにくげしょはっと》」により「天子諸芸能のこと第一御学問なり」と、その行動を規定され、政治からは切り離され続けてきた。

安政五年（一八五八）、日米修好通商条約を締結するにあたり、挙国一致で開国したい幕府は勅許を求める。だが、孝明天皇は勅許を下さなかった。それでも、幕府は調印に踏み切る。天皇は激怒し、公武間に大きな亀裂が入った。

こうして朝廷の政治化が進み、天皇がいる京都が台風の目となり、暗殺の舞台にもなった。もっとも文久二年（一八六二）以降は神国思想による狂信的なテロは少なくなり、政治的なパフォーマンスとしてのテロが主流になる。

テロの刃はまず、天皇権威に従わない者に向けられた。これに、天皇権威を背景として国政に参画するようになった諸藩の功名心が、複雑に絡まってくる。今日「人斬り」として英雄視される土佐の岡田以蔵《おかだいぞう》や薩摩の田中新兵衛《たなかしんべえ》（雄平《ゆうへい》）が暗殺剣を振るったのも、このころであった。あるいは暗中模索で進路を決めかねる全国諸藩の内部で政争が激化し、解決のために暗殺という手段が安易に選ばれるようになってゆく。

坂下門外の変

文久二年（一八六二）一月十五日は在府の大名が江戸城で将軍家茂に拝謁する日だったが、駕籠で坂下門《さかしたもん》から登城しようとする老中安藤信正が襲撃されるという「坂下門外の変」が勃発《ぼっぱつ》した。

大老井伊没後、幕政運営の中心となった安藤は磐城平《いわきたいら》藩主で、万延元年（一八六〇）一月、老中に昇進したばかりだった。安藤は関宿《せきやど》藩主久世広周《くぜひろちか》を筆頭老中に据え（久世・安藤政権）、宥和《ゆうわ》政策で幕府権威の立て直しを図る。孝明天皇の妹和宮《かずのみや》を将軍徳川家茂に降嫁させたり、安政の五カ国条約で西暦一八六三年一月一日（和暦文久二年十一月十二日）に決められていた兵庫・新潟開港と江戸・大坂開市を延期させたりした。

一方で安藤は外国側を納得させるためにも、水戸藩主徳川慶篤《よしあつ》に対し、激派の取り締まりを命じたため、投獄され獄死する者が続出した。水戸藩は内部分裂していたが、激派はますます安藤を敵視し、対立は決定的となる。前後して、政治的発言力を強める孝明天皇を封じ込めようとした安藤がひそかに国学者に廃帝の古例を調べさせているとの噂も立つ。

こうして「坂下門外の変」が起こった。安藤の行列を襲ったのは次の六名で、括弧《かっこ》内は当時用いていた変名である。

平山兵介《ひらやまひょうすけ》（細谷忠斎《ほそやちゅうさい》）・黒沢五郎《くろさわごろう》（吉野政之助）・小田《おだ》彦三郎《ひこさぶろう》（浅田儀助）・川本杜太郎《かわもともりたろう》（豊原邦之助《とよはらくにのすけ》）・高畑房次《たかばたけふさじ》郎《ろう》（相田千之丞《あいだせんのじょう》）・河野顕三《こうのけんぞう》（三島三郎）。

坂下門

石垣の陰に隠れていた六名は、銃声を合図に駕籠めがけていっせいに斬りかかった。ところが大老井伊の横死以来、幕府重役の警備はさらに厳重になっている。安藤も屈強の士三十余名を、護衛として従えていた。このため六名は、次々とその場で闘死する。もっとも一刀流の達人平山は後方に廻《まわ》り、駕籠を一刀で貫いた後、討たれた。これにより安藤は背部を負傷する（澤本孟虎『阪下義挙録』昭和六年）。

水戸の激派を中心に、宇都宮《うつのみや》系の同志を加えたテロだったが、注目すべきは刺客六名のうち武士身分は二名（平山・小田）で、あとは農（高畑）、医（川本・黒沢・河野）といった庶民だったことだろう。また、黒幕とされる儒者で宇都宮藩の籍を持つ大橋訥庵《おおはしとつあん》（順蔵《じゅんぞう》）は上野国《こうずけのくに》出身の兵学者清水赤城《しみずせきじょう》の子で、江戸日本橋の太物商《ふとものしょう》大橋淡雅《たんが》の婿養子だった（大橋は一橋慶喜を奉じて挙兵を企んだと疑われ、事件直前の一月十二日、幕吏に捕らえられて出獄後の七月十二日に四十七歳で没）。

二年前、大老井伊を暗殺した浪士の大半は武士身分だったのに比べると、攘夷論はずいぶんと裾野《すその》を広げた。これは海外貿易開始により輸出過多が起こり、国内物価が急騰して庶民の生活を苦しめたことと関係する。攘夷実行はイデオロギーよりも、生活に密着した切実な問題になりつつあった。

老中安藤を殺す理由

老中安藤暗殺計画は最初、水戸と長州の連携から始まっている。

「桜田門外の変」に刺激された長州の桂小五郎《かつらこごろう》・松島剛蔵《まつしまごうぞう》と水戸の西丸帯刀《さいまるたてわき》らは江戸で密

談を重ね、万延元年（一八六〇）七月、いわゆる「成破《せいは》の約（丙辰丸盟約《へいしんまる》）」を結んだ。水戸が条約破棄や攘夷実行で現状を打破し、長州が事態を収拾するとの役割分担を決める。

外様大名の長州藩毛利家はこのころ、まだ国政には参加していない。吉田松陰の影響を受けた桂小五郎や久坂玄瑞ら若き藩士は尊王攘夷の実現を目指し、水戸・薩摩・土佐などの同志と江戸で交流していたが、あくまで私的な活動だった。だから玄瑞などは、水戸の士気の高さが羨《うらや》ましかったようである。

もっとも水戸の激派が提唱した老中安藤暗殺計画を、桂は時期尚早であると反対した。だが水戸側は黒幕の大橋訥庵らが捕縛されたため、士気の衰えを恐れて実行に移す。結果、坂下門外で六名が枕を並べ闘死した。

ところが盟約に加わっていた水戸人の川辺左治衛門《かわべさじえもん》（変名内田万之助）は、どうしたものか約束の時刻に遅れる。川辺は桜田にあった長州藩上屋敷に桂を訪ね、ひとりで部屋に籠もり、腹を切り喉《のど》を突いて自決してしまった。これを桂とその若党伊藤俊輔《いとうしゅんすけ》（博文《ひろぶみ》）は町奉行所に届け出たが、関係ありと疑われ、呼び出されて取り調べを受けた。

六名はそれぞれ暗殺の趣旨を記した斬奸状を懐に入れていたが、当然ながら幕府に没収された。だが、川辺の一通は桂に託されたため、同志間で広まることになった。

斬奸状によると、大老井伊を暗殺した浪士たちは幕府に対し「異心」はなく、幕府に反省を促し、「向後は天朝を尊び、夷狄を悪《にく》」ませるため身命をなげうった。にもかかわらず、幕府は一向に悔い改めようとしない。これが安藤の罪の第一だという。

それから安藤の罪をいろいろと挙げるが、外国と親しくするので「神州の賊」だと決めつける。公武合体を名目に行った和宮降嫁も、実は条約勅許を得るための人質確保が目的だとする。もし、勅許が得られなかった場合、安藤はひそかに天皇を譲位させるつもりで、国学者に廃帝の古例を調べさせているともいう。つづいて、

「実に将軍家を不義に引き入れ、万世の後迄《まで》悪逆の御名を流し候様取り計らひ候所業にて、北条・足利《あしかが》にも相越し候逆謀《ぎゃくぼう》は、我々共切歯痛憤の至りと申すべき様もこれ無く候」

とあるように、このままでは徳川の汚名が後世に伝わるから、安藤を暗殺するとある。こうした意識は、井伊を暗殺した浪士たちと変わらない。「復古」の一種であり、それ自体は「維新」を望むものではない。

だが、井伊に続き幕閣トップが襲われたことで非難を受けた安藤は四月十一日、老中を退く。当然ながら幕府権威はさらに失墜し、結果として「維新」へとつながる。

闘死した六名に川辺を加えた七名の遺骸は、小塚原の刑場に罪人として埋められた。だが

明治になるとその霊は靖国神社に合祀され、明治三十五年（一九〇二）から同四十一年にかけて七名それぞれに従五位が追贈されている。

廃帝の噂をめぐる暗殺

老中安藤信正が廃帝の古例を国学者に調べさせていたというのは、噂にすぎない。だがこの噂が「坂下門外の変」を引き起こす一因になったのは、斬奸状に明らかだ。さらには安藤から依頼を受けたと噂された国学者も、テロのターゲットになる。文久二年（一八六二）十二月二十一日夜に国学者の塙《はなわ》次郎《じろう》（忠宝《ただとみ》）が、同三年一月十三日（文久二年十二月とも）には高槻《たかつき》脱藩（異説あり）の宇野《うの》東桜《とうおう》（八郎《はちろう》）が、それぞれ非業の死を遂げた。

盲目の和学者として知られた父保己一《ほきいち》の後を継ぎ、幕府の和学講談所の御用を務める塙次郎は、老中安藤から廃帝調査の依頼を受けたとの噂が広まっていた。安藤の命により、寛永《かんえい》（一六二四〜四四）以前の外国人待遇式例などを取り調べたことが誤解を招いたともいう（日本歴史学会編『明治維新人名辞典』昭和五十六年）。斬奸状には「昨年安藤対馬守《つしまのかみ》と同腹致し、兼て御国体をも弁《わきま》へながら前田《まえだ》健助《けんすけ》（夏蔭《なつかげ》）両人と恐多くも謂《いわ》れなく旧記を取調べ」云々《うんぬん》とある。

塙次郎墓（新宿区愛染院）

塙を三番町《さんばんちょう》の自宅前で斬ったのは、長州の下級武士伊藤俊輔（博文）と山尾庸造《やまおようぞう》（庸三）との説が古くから有力である。加藤一周《かとうかずかね》という塙の友人も、巻き添えで殺されたという。伊藤と親しかった公爵毛利家編輯所《へんしゅうじょ》の史家中原邦《なかはらくに》平《へい》が著した『伊藤公実録』（明治四十二年）には、本人から聴いたとして「公（伊藤）も其現場に立会つた一人であることは事実である」とある。

また講談師伊藤痴遊《いとうちゆう》は本人に尋ねたところ、「そんな古い事は、どうでもよいではないか」と、とぼけられたと証言している（『伊藤痴遊全集月報・6号』昭和四年）。

一方、宇野東桜は斬奸状によれば「姦吏《かんり》共に内通せしめ、数多《あまた》誠忠之士を害《そこな》ひたる」、つまり幕府側のスパイと見なされ斬られた。斬ったのは、長州の高杉晋作《たかすぎしんさく》と同志たちである。『伊藤公実録』によれば、長州藩上屋敷の有備館《ゆうびかん》に宇野を連れ込み、刀を取り上げ、なぶり殺しにしたという。犯人のひとり伊藤博文は明治になり、中原に次のように語った。

「吾輩が殺したと云ふ訳でもないが、皆んなが愚図《ぐず》々々して居るから、一つヤツテやろうと思つて、短刀を彼の喉に突き突けやうとした所が、其短刀を遠藤多一《えんどうたいち》が吾輩の手を執つて、直《す》ぐに突込んで仕舞ふた。さうすると白井小助《しらいこすけ》めが刀を抜いて横腹をズブ〳〵刺して殺したのである」

宇野の遺骸は薦《こも》に包み、伊藤ら三、四名が担いで屋敷の近くに捨てたという。明治になり初代内閣総理大臣を務めるなど政治家として栄達を遂げた伊藤だが、その手はずいぶん血で汚れていた。また、半世紀を経ても噂で他人の命を安易に奪ったことを反省する気は、さらさらなかったらしい。リーダー格だった晋作の交友録『観光録《かんこうろく》』末尾には「宇野八郎・塙二郎斬姦」と不気味なメモが残る（『高杉晋作史料・二』平成十四年）。

淡路島《あわじしま》出身の国学者鈴木重胤《すずきしげたね》が文久三年八月十五日夕、江戸で暗殺されたのも、廃帝調査の噂が引き起こした事件といわれる。のちに冤罪《えんざい》が判明し、大正八年（一九一九）、鈴木に正五位が贈られた。

同月二十一日夕には幕府儒者の中村敬宇《なかむらけいう》（正直《まさなお》）も廃帝調査の噂により、水戸の薄井督太郎《うすいとくたろう》と武州太田《ぶしゅうおおた》の小林捨松《こばやしすてまつ》に官舎で襲われている。しかし中村の老母が「之《これ》には仔細《しさい》のある事、先々《まずまず》一通りお聴取を……」と必死になって宥《なだ》めたため、刺客も言いくるめられて退散したという（赤川源一郎《あかがわげんいちろう》『桜田門』昭和三年）。一命をとりとめた中村は慶応二年（一八六六）に渡英。維新後は『西国立志編《さいごくりっしへん》』を翻訳、明六社《めいろくしゃ》に参加するなど啓蒙《けいもう》活動に尽くし、東京大学教授などを務めて明治二十四年（一八九一）六月七日、六十歳で没した。

再び襲われた東禅寺

イギリス仮公使館が置かれた江戸高輪の東禅寺が二度目の襲撃を受けたのは、文久二年（一八六二）五月二十九日深夜のことである。安全なはずの公使館が再び襲われたのだ。外国人たちはさぞ肝を冷やしたことであろう。

公使オールコックは休暇で本国に帰っていたが、代理公使のエドワード・セント・ジョン・ニールが駐在していた。これを幕府の兵や大垣《おおがき》・岸和田《きしわだ》・松本《まつもと》藩などの藩士五百三十五名が護衛する中で事件は起きた。見張りに立っていたチャールズ・スウィートが重傷を負わされ（翌朝死亡）、海兵隊のリチャード・クリンプス伍長《ごちょう》が斬殺された。テロリストはどのようにして、厳重な警備の網をくぐり抜けて潜入したのか。

翌日犯人は護衛側の松本藩徒士《かち》で、二十三歳の伊藤軍兵衛《いとうぐんべえ》と判明する。クリンプス伍長にピストルで撃たれ、負傷したため、番小屋（異説あり）まで逃れて自刃したという。

軍兵衛はなぜ事件を起こしたのか。本人が取り調べを受けずに死んだため諸説ある。まず、松本藩が警護のために多額の出費で苦しんでいるのを見かねたという。また、外国人警備のために日本人同士が殺し合うことに、不条理を感じていたともいう。それに何よりも軍兵衛は神国思想の信奉者だった。

「日の本の為とおもふて切る太刀は何伊藤《いとう》べき千代のためしに」
「をしからぬ命を捨つる武士《もののふ》は神の恵で徒士軍《かちいくさ》せん」

などと詠じ、以前から警護を「穢《けが》わしき御勤め」と呼んでいた（太田秀保《おおたひでやす》「東禅寺事件」『幕末の信州』平成二十年）。

事件は偶発的ではなく、計画的だったとの見方もある。当夜、高台の方から四、五名が下りてきたとか、のろしがあがった等の目撃証言もあった。日本人の使用人は事前に襲撃を知っており、恐れているようだったという公使館員もいた（『幕末異人殺傷録』）。

事件により松本藩は警護の任を解かれ、藩主は謹慎に処された。幕府は償金一万ポンド（四万ドル）を支払わされる。宮内省蔵版『修補殉難録稿・前』（昭和八年）によると、軍兵衛の遺骸は小塚原刑場に打ち棄《す》てられたが、大橋陶庵《おおはしとうあん》（訥庵の養子）が憐《あわ》れみ谷中天王寺《やなかてんのうじ》の自家の墓地に埋葬してやったという。軍兵衛に関しては明治政府も意外と冷淡で、追贈も靖国神社合祀もなかった。

島津久光の「皇国復古」

長州藩が中央政局に乗り出したのは文久元年（一八六一）三月のことだった。藩士長井《ながい》雅楽《うた》が示した「航海遠略策」を藩是として公武間を周旋し、一時は朝廷・幕府双方から支持を得た。だが、長井の説は幕府が行った開国を既成事実として認めたうえで、天皇の威を世界に広めようとの趣旨だったので、藩内外の攘夷家の激しい反発を招く。

つづいて文久二年四月十六日、薩摩藩国父（藩主の父）島津久光《ひさみつ》は一千余りの兵を率い、上洛《じょうらく》する。率兵上京は兄斉彬の遺志でもあった。これを討幕の挙兵と勘違いして上方に集結した諸国の尊攘派の同志と薩摩藩士有馬新七《ありましんしち》ら九名を、同年四月二十三日、久光は伏見寺田屋《てらだや》で上意討ちする。それから有馬らの同志たち、久留米《くるめ》の真木和泉《まきいずみ》や土佐の吉村虎太郎《よしむらとらたろう》らをそれぞれの藩に引き渡し、もと中山《なかやま》大納言家の家士田中河内介《たなかかわちのすけ》らを薩摩行きの船中で密殺する。

このとき、久光は「皇国復古」のスローガンを掲げていた。だが、久光は神国思想のいたずらな信奉者ではない。天皇に政治の主導権を握らせたいのは水戸の「復古」と同じだが、それによって時代を「維新」へ進ませるのである。

久光は孝明天皇の信頼を獲得し、勅使大原重徳《おおはらしげとみ》を護衛して江戸へ乗り込み、一橋慶喜・松平慶永を復権させるなど幕政改革を実行した。これは天皇権威を背景にすれば、外様大名でも幕府の人事に介入できることを、世に見せつけた点で画期的だった。

それから帰途に就いた久光の行列は八月二十一日、生麦村《なまむぎ》（現在の横浜市鶴見区《つるみ》）で遭遇した騎馬のイギリス人四名を無礼討ちにする。一名が死亡、二名が負傷した「生麦事件」である。これはテロではなく、あくまでルールに則《のっと》った無礼討ちなのだが、久光は尊攘派から喝采を浴びた。さらに賠償問題がこじれ、翌年七月の薩英《さつえい》戦争へと発展する。

一方、その年五月、長州藩是「航海遠略策」が朝廷から非難される。このため提唱者の長井雅楽は失脚し、江戸から帰国の途に就く。久坂玄瑞・寺島忠三郎・伊藤俊輔らは近江大津などで長井暗殺を企むが、果たせなかった。玄瑞の庇護《ひご》者だった藩重役の宍戸《しし ど》九郎兵衛《くろべえ》は驚き、「意見合はざればとて、私《わたくし》に殺さんは道に違《たが》へり」との注意をしたという（宮内省蔵版『修補殉難録稿・中』昭和八年）。

七月六日、京都河原町《かわらまち》の長州藩邸で御前会議が開かれ、藩是は「航海遠略策」から「奉勅攘夷」に一転する。摂津《せっつ》湊川《みなとがわ》で戦い死んだ楠木正成《くすのきまさしげ》の決意にならい、成否は度外視して叡慮の攘夷を実行に移すという。薩摩に対抗するためには、より派手な政策を打ち出す必要があった。薩長の確執は、このあたりから始まる。

「天誅」第一号の島田左近暗殺

文久二年(一八六二)四月二十三日の寺田屋事件での苛酷《かこく》な処分により、薩摩は特に在野の尊攘派の信望を失う。田中河内介らの殺害を流謫《るたく》先の徳之島《とくのしま》で知った西郷吉之助《さいごうきちのすけ》(隆盛《たかもり》)は「天朝の人を殺し候儀、実に意恨の事にござ候。もふは勤王の二字相唱へ候儀出来まじく」と、六月三十日と見られる手紙の中で、嘆く(『大西郷《だいさいごう》全集・一』大正十五年)。

七月二十日、もと関白九条尚忠《くじょうひさただ》の家士島田左近《しまださこん》が京都で暗殺された。これは寺田屋の件で評判を悪くした薩摩の人気回復と関係する。

島田の出自は石見《いわみ》の農家とか、美濃《みの》の山伏の子とか諸説がある。京都に出てきて初め烏丸《からすまる》家に仕え、のち九条家の家士になった。条約勅許問題が起こったとき、主人の九条尚忠は関白を務め、朝廷内で絶大な権力を誇っていた。島田は大老井伊直弼の腹心長野主膳《ながのしゅぜん》と一緒になり九条を説き、親幕府へと導く。

以後、長野と通謀して将軍継嗣問題では紀州の徳川慶福(家茂)擁立に奔走し、安政の大獄では反対派捕縛に尽力し、和宮降嫁にも関係した。このため幕府からは生涯五十人扶持《ぶち》、永代三十人扶持という褒賞を受ける。文久二年一月には九条家の侍として、従六位下左兵衛権大尉に叙任された。「今太閤《いまたいこう》」と噂され、得意絶頂の島田だったが、尊攘派から蛇蝎《だかつ》のごとく嫌われたのはいうまでもない。さらには稼いだ金を元に手下の目明し文吉に高利貸まで営ませ、あくどい取り立てをしたから市民にも評判が悪かった。

島津久光の一行が勅使を護衛して江戸へ下るや、京都残留の薩摩藩士藤井《ふじい》良節《りょうせつ》らは島田を暗殺して尊攘派の人気を取り戻そうとしたのだろう。刺客には示現流《じげんりゅう》の達人田中新兵衛のほか、探索方の鵜木孫兵衛《うのきまごべえ》と志々目《しじめ》献吉《けんきち》が選ばれた。

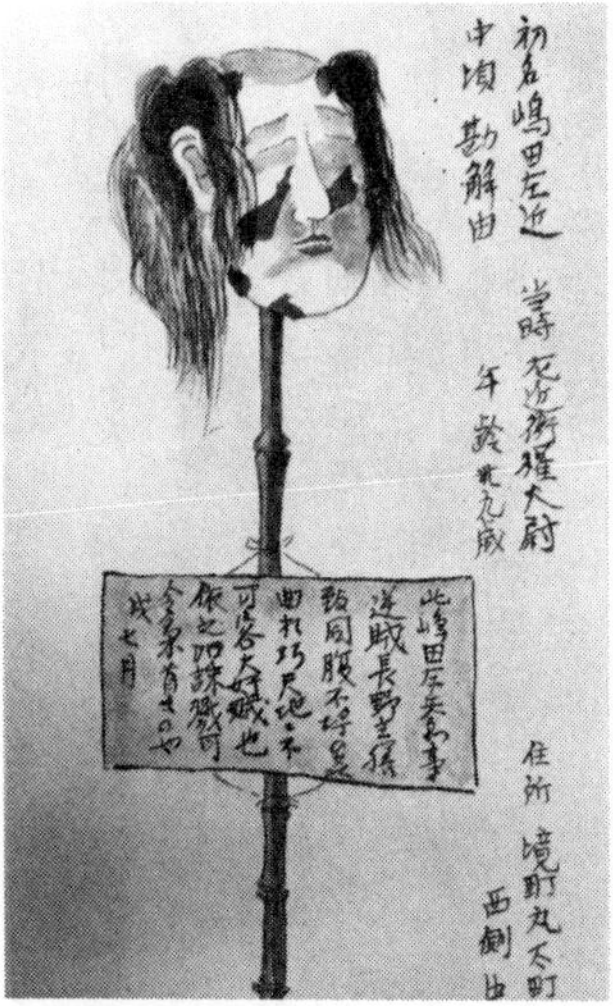
島田左近の首（中沢巠夫『史説幕末暗殺』）

だが、島田は用心して九条家の屋敷からめったに出ない。それでも田中らは島田が七月十七日より木屋町二条《きやまちにじょう》下ル東生洲町《ひがしいけすちょう》の妾宅《しょうたく》に滞在しているのを突き止め、二十日夕方に斬り込む。そのとき、行水後の島田は奥の間で下帯姿で二名の少女に団扇《うちわ》であおがせ、涼んでいたという。事件後、田中が語ったところによれば刺客の乱入に驚いた島田は庭に降り、塀を越えて鴨川《かもがわ》の河原まで逃げたが小石につまずいた。それを田中が疾風のごとく追い、斬ったという（海江田信義《かいえだのぶよし》『実歴史伝』大正二年）。享年は諸書により異なるが、京都西大谷《にしおおたに》墓地に現存する墓碑には「三十六」と刻む。

二十二日朝、高瀬川《たかせがわ》の一の舟入り付近（異説あり）で首のない死体が発見された。背中と左腕に深い切疵《きりきず》が四ヵ所、左手首に疵一ヵ所など褌《ふんどし》を着けるのみで着物はなかったが、やがて左近の胴体であると判明する。つづいて二十三日、青竹に突き刺された首が四条《しじょう》鴨川の河原にさらされた。青竹に付せられた斬奸状は次のとおりである。

「　罪状書　　　　島田左兵衛権大尉

此の島田左兵衛権大尉事、大逆賊長野主膳へ同服致し、所謂奸計《いわゆるかんけい》相巧み、天地に容《い》れざるべき大奸賊也《かんぞくなり》。これに依《よ》り誅戮《ちゅうりく》を加へ梟首せしむ者也。

文久二年壬戌《みずのえいぬ》七月　日　」

（『採襍録《さいざつろく》・一』）

この事件が、いわゆる「天誅」第一号になった。グロテスクな見世物は大評判になり、首の前には黒山の人だかりができた。尊攘派も快哉《かいさい》を叫ぶ。犯人は捕まらなかったものの、水面下では薩摩の仕業だと知られたようである。

なおひと月後の八月二十七日、彦根藩では島田とコンビを組んでいた長野主膳が「姦計を以て重役の者に取り入り、政道取り乱し、国害を醸し、人気《じんき》を同様致され挙動」云々として、斬罪に処されている。急進的な尊攘論の高まりで、幕府も彦根藩もこれまでのことを否定し、長野のような者を血祭りに上げることで体裁を取り繕おうとした。

さらに朝廷は閏八月二十七日、叡慮は攘夷だと伝えた。もっとも孝明天皇は国是は将来の「衆議」によるとしたが、長州藩は叡慮を絶対として振りかざし、急進的な尊攘運動を進める。

吉田東洋暗殺

朝廷の政治化が進むと孝明天皇は大名に直接勅諚《ちょくじょう》を発し、上洛を促すようになる。薩摩の島津久光、長州の毛利慶親《よしちか》（敬親《たかちか》）、土佐の山内豊範《とよのり》が相次いで上洛し、仙台・肥後・筑《ちく》前《ぜん》・安芸《あき》・肥前《ひぜん》・備前・津・阿波《あわ》・久留米・因幡《いなば》・岡《おか》藩主にも上洛が命じられた。従来なら大名は将軍の命で動く。それが天皇からも命が出る。「政令二途」であり、多くの大名たちは困惑した。

実は土佐藩ははじめ、自重論だった。かつて国政に関わった山内容堂が安政の大獄で隠居、謹慎に処された苦い経験があるだけに、実権を握る参政（仕置役）の吉田東洋《よしだとうよう》（元吉《もときち》）は慎重だった。ちなみに容堂に抜擢《ばってき》された東洋は『海南政典《かいなんせいてん》』や律令《りつりょう》の編纂、藩校致道館《ちどうかん》や大坂住吉《すみよし》陣営の造営、階級制度の見直し、人材抜擢など数々の改革を進め、他藩にまでその名が響いていた能吏である。

土佐勤王党《きんのうとう》を率いる武市半平太《たけちはんぺいた》は文久元年（一八六一）九月、江戸で薩摩の樺山三円《かばやまさんえん》、長州の久坂玄瑞と、三藩主を上洛させ、天皇のために働こうと誓い合い、帰国した。だから東洋に面会し、説得をこころみたが相手にされなかった。

藩主一門の山内大学《だいがく》や山内民部《みんぶ》ら保守派は、東洋の改革路線を面白く思っていない。かれらと結んだ武市は、東洋を藩政府から排斥して藩主を上洛させようと企てた。暗殺という強引な手段が採用されたのは、参勤のため高知を発つ四月十二日が迫っており、それまでに藩是を定めておく必要があったからだ。武市は刺客団を一、二、三班と用意したが、実行したのは三班の那須信吾《なすしんご》・安岡嘉助《やすおかかすけ》・大石団蔵《おおいしだんぞう》だった。

四月八日夜、高知城内二ノ丸で藩主に『日本外史《にほんがいし》』の本能寺の凶変を進講した東洋に、講義納めの酒肴《しゅこう》が出された。雨の中ほろ酔い加減で城を後にした東洋は自宅を目指し歩いていたところ、帯屋町《おびやまち》下一丁目で三名の刺客に襲われる。武芸の腕にも自信があった東洋は那須と斬り結んだ。だが安岡と大石に背後から斬られ、斃される。享年四十七。東洋の斬り落とされた首は那須から同志の河野万寿弥《こうのますや》らに託され、城下のはずれ、雁切河原《がんきりかわら》にさらされた。首級の傍らに掲げられた斬奸状は、挙藩勤王に反対したといった政治的な問題には触れていない。

吉田東洋暗殺の地（高知市）

「心儘《こころまま》成る事を取り行ひ、天下不安時節をも顧みず、一日も安気に暮らしたき所存……独り自分には賄賂を貪《むさぼ》り、無数の驕《おご》りを極め……かつ自分の平常の衣食、いよいよ華美を極め候事、そのままに閣《おき》候はば土民の心いよいよ相放れ、御用に立ち候者一人もこれ無きやう相成り、終《つい》には御国滅亡の端にも相成り候……上は国を思ひ、下は万民の難苦を救はん為、己の罪を忘れ、此の如く取り行ひ」

云々と、東洋が私利私欲を貪っているので、このままでは民心が離れ、藩が滅亡するから殺すという。東洋の数々の新政策は民衆の肩に重税としてのしかかっていたから、その恨みに見せかけたのである。

東洋が除かれたことで、土佐藩は動く。予定より遅れたが六月二十八日、藩主山内豊範の一行は高知を発つ。武市は白札郷士《しろふだごうし》小頭として、桑原平八《くわばらへいはち》とともに先発する。だが大坂到着後、藩主が流行の麻疹《はしか》にかかったり、藩士間で意見が対立したため、八月二十五日にようやく京都河原町の藩邸に入る。そして土佐藩に、薩摩・長州藩とともに国事周旋するよう内勅が下った。

暗殺犯の那須・安岡・大石はただちに土佐を脱し、下関《しものせき》、多度津《たどつ》、堺《さかい》、住吉、大坂などを経て四月の終わりに京都に入り、長州や薩摩の同志に匿《かくま》われている。那須と安岡は翌文久三年八月、天誅組《てんちゅうぐみ》挙兵に加わり敗走のすえ死んだ。大石は高見弥市《たかみやいち》と名を変え、慶応元年(一八六五)三月、薩摩藩の秘密留学生として渡英し、同三年に帰国後は薩摩藩校造士館《ぞうしかん》教授などを務めた。

武市半平太と田中新兵衛

示現流の達人という薩摩の田中新兵衛の出自は『明治維新人名辞典』や『幕末維新人名事

典』（平成六年）では「商家」、中沢巠夫《なかざわみちお》『幕末暗殺史録』（昭和四十一年）では「薩摩藩士島津内蔵の家来で三足人という低い身分」とある。

確かなのは文久二年（一八六二）七月二十日、島田左近を暗殺した三名の刺客のひとりということだ。田中は事件後、一緒に行ったものの役に立たなかったほかの二名につき「御侍様方はお脚が遅うござります」と皮肉ったというから（『実歴史伝』）、武士に対するコンプレックスが強かったのかもしれない。出自は判然としない点もあるが、しょせん高い身分ではあるまい。藩首脳部にすれば島田を斬らせれば用済みだったろう。

そこへ土佐藩が京都に入ってきたのは、絶妙なタイミングだった。薩摩、長州よりも出遅れたと焦る武市半平太は派手な暗殺により土佐の存在を京都じゅうにアピールしようとした。これに助《すけ》っ人《と》として田中新兵衛が加わる。さらに武市は山内家の親戚にあたる公卿《くぎょう》三条実美《さんじょうさねとみ》を、幕府に攘夷を督促する勅使として送り込もうと考えた。

それまでの経歴が買われた武市は他藩応接掛を命じられ、三条木屋町に寓居《ぐうきょ》を定める。武市の「在京日記」（『武市瑞山《ずいざん》関係文書・二』）によれば八月二十五日から閏八月五日までは、病気で臥《ふ》せっていたようだ。閏八月六日は朝から月代《さかやき》を剃《そ》るなど心機一転、活動を開始する。七日夜、小河瀬右衛門《おごうせえもん》方を訪ねたところ、「折柄《おりから》、田中新兵衛来り面会す」という。これが、田中と武市の出会いだった。二名は意気投合して関係を深め、京都に血の雨を降らせることになる。

本間精一郎暗殺

文久二年(一八六二)閏八月十八日から十九日の武市半平太の「在京日記」は、この後起こる事件を考えながら読むと、なかなか不気味なものがある。

まず、十八日「早朝藤井へ行面会機密を談ず」とある。武市が密談した藤井とは島田左近暗殺を画策し、田中新兵衛をテロリストデビューさせた薩摩藩士藤井良節である。そして、「田中新兵衛来る。腹中を談じ兄弟の約を致す……又晩方も来り。日暮迄談ず」と続く。武市はすでに剣士としての名声も高く、土佐勤王党の首領でもあったから、「兄弟の約」を結んだ田中は舞い上がったのではないか。

さらに十九日「田中新兵衛約束の通り来る。明夜を約し帰る」、二十日「晩方田中新兵衛来る。四つ(十時)頃迄談じ帰る。同夜以(岡田以蔵)・豪(田辺豪次郎《たなべごうじろう》)・健(弘瀬健太《ひろせけんた》)・熊(千屋熊太郎《ちやくまたろう》)・〇(不明)・収(平井収二郎《ひらいしゅうじろう》)・孫(小畑孫次郎《おばたまごじろう》もしくは孫三郎《まごさぶろう》)・衛(島村衛吉《しまむらえきち》)用事あり」(人物特定は『維新暗殺秘録』による)と、何やら起こりそうな気配が行間から漂ってくる。こうして二十一日、浪士の本間精一郎《ほんませいいちろう》が、先斗町《ぽんとちょう》で暗殺された。享年二十九。

本間は越後《えちご》寺泊《てらどまり》の商家出身で、在野の尊攘派として東奔西走していた。弁舌が達者で、青蓮院宮《しょうれんいんのみや》に接近し、派手な服装で飲み歩いたりしたため同志間で反感を買っていたという。田中惣五郎「本間精一郎」（『明治維新運動人物考』昭和十六年）では本間が青蓮院宮を通じ、武市がお膳立《ぜんだ》てしていた勅使三条実美の東下計画を時期尚早として反対したのが、災いしたのだろうと推測する。また、同年四月の伏見での挙兵計画のさいも、途中で脱落して同志の信用を失っていた。

おそらく藤井と武市がひそかに本間暗殺を決め、田中や土佐の岡田以蔵を刺客に選んだのだろう。日記の「用事」とは本間暗殺のことで、岡田以外の略称された土佐藩下士は見届け役と思われる。武市門下で京都に上ってきていた五十嵐敬之《いがらしたかゆき》（幾之進《いくのしん》）は数十年後、本間暗殺につき「岡田以蔵と田中新兵衛等がやつたのであります」と証言する（「天誅見聞録」『武市瑞山関係文書・二』）。

本間の胴体は高瀬川四条上ルで発見され、斬り落とされた首は青竹につるし、四条大橋の西側に梟されていた。

尾張の戯作者《げさくしゃ》小寺玉晁《こでらぎょくちょう》は当時京都滞在中で、さまざまな情報を『東西評林《とうざいひょうりん》』としてま

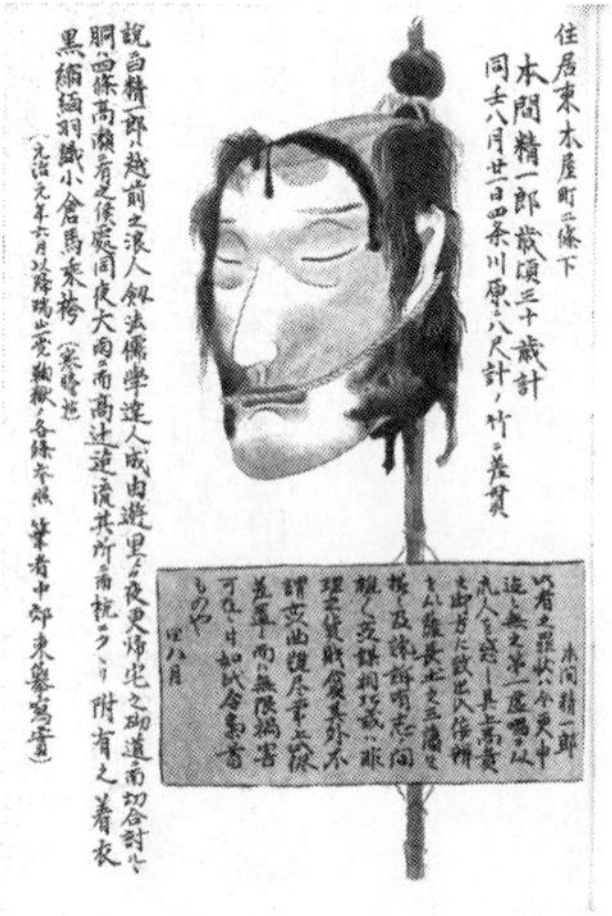

本間精一郎の首（『武市瑞山関係文書・一』）

とめているが（刊本は大正五年）、異常な梟首にはやはり衝撃を受けたようで、熱心に書きとめている。この日も「四条河原半町程上ル所、角力《すもう》場の如くにて何事と立寄り候へば、五尺程の竹に首壱ッ突差しござ候」などと記録する。本間の首に添えられた斬奸状には、

「この者の罪状、今更申すまでもこれ無く、第一虚喝をもつて衆人を惑はし、その上高貴の御方え出入り致し、佞弁《ねいべん》をもつて薩長土三藩を様々讒訴《ざんそ》致し、有志の間を離間し、姦謀を相工《たくら》み、或《ある》いは非理の貨財を貪り取り」

云々とあった。これを見る限り噂を真に受けての暗殺だったようだが、本間には大正十三年（一九二四）、従五位が追贈されている。

武市は二十一日の日記に「本間精一郎の梟首四条河原にあり、見物人多し。見に行」と白々しく記す。そしてこの日また、田中に会っている。薩摩の田中はすっかり武市グループの客分になった観がある。

暗殺者岡田以蔵

幕末の徒花《あだばな》である数多くのテロリストの中で、古くから大衆的人気を誇るのは岡田以蔵だろう。昭和初期、劇作家真山青果《まやませいか》が「京都御構入墨者《おかまいいれずみもの》」や「人斬り以蔵」の主人公とし、戦後は作家司馬遼太郎《しばりょうたろう》が「人斬り以蔵」を書いて、映画化（勝新太郎《かつしんたろう》主演「人斬り」昭和四十四年）もされた。武市半平太ら同志からも見放され、捕らえられて慶応元年（一八六五）閏五月十一日、二十八歳で郷里で斬罪に処せられ、梟首される最期はいまなお多くの同情の涙を誘うらしい。靖国合祀も追贈もなかったが、昭和五十八年（一九八三）、高知県護国神社の祭神に加えられた。

岡田以蔵墓（高知市）

岡田以蔵は土佐の郷士の子として天保九年（一八三八）に生まれ、万延元年（一八六〇）には剣の師である武市に従って江戸や中国・九州に武者修業に出かけている。剣の腕は、確かに凄まじいものがあったようだ。後年、勝海舟《かつかいしゅう》は「余、剣客を知るに少なからず、未《いま》だ以蔵の如き者を見ず」（岩村通《いわむらみち》俊《とし》『貫堂存稿《かんどうそんこう》・下』大正四年）と語ったという。

武市は文久元年（一八六一）九月、いわゆる土佐勤王党を結成し、これに岡田も参加した。初めて岡田が行ったと思われる殺人は文久二年八月二日夜、大坂でのこと。吉田東洋暗殺犯を執拗に追及する土佐藩の元下横目《したよこめ》井上佐一郎《いのうえさいちろう》を数名の土佐の同志とともに手拭《てぬぐい》で首を絞め、腹を刺して殺し、遺体を川に捨てた。つづいて田中新兵衛らと本間精一郎を暗殺したのは先述のとおり。以後は武市の指示のもと、暗殺剣を振るった。もっとも、本人は国事（国家の政治）に参加しているつもりだったのだろう。

本間暗殺の翌日閏八月二十二日夜、九条家士の宇郷玄蕃《うごうげんば》が暗殺された。宇郷は島田左近の同僚で、河原町丸太町《まるたまち》下ル九条家下屋敷に潜んでいた。そこへ主家の用事だと偽って寝所に乗り込んできた数名に、殺されてしまう（『東西評林』）。刺客のひとりが岡田との説があるが、これははっきりしない。青貝柄の槍に突き刺された宇郷の首は翌朝、賀茂川《かもがわ》筋松原通《まつばらどおり》河原にさらされた。それが「余り夥《おびただ》しき見物人にて倒れ」（『東西評林』）たという。斬奸状は、

「此の者島田同腹にて主家をして不義に陥入《おちい》られ、実に其の罪彼よりも重し。これに依りて天誅加へる者なり」

である。島田のときは「誅戮」だったのが、「天誅」になっている点に注目したい。これは桜田門のときの浪士の趣意書にもあった、天が成敗するとの思い上がった考えだ。以後「天誅」が流行語になってゆく。

目明し文吉暗殺

宇郷玄蕃梟首の評判は、武市半平太ら土佐グループを刺激する。次なるターゲットは安政の大獄のさい島田左近の下で「志士」捕縛に尽くした目明し文吉（猿《ましら》の文吉）である。文吉は自分の娘を、島田の妾《めかけ》に差し出していたほどの関係だった（島田が襲われたのもこの妾宅）。

武市門下の五十嵐敬之は「天誅見聞談」で「これは少し私も関係して居ります」と、刺客を決めたときの異様な光景を回顧する。それによると木屋町の武市寓居で同志が協議した結果、

「斬りに行と云ふ人が多くて仕方がない。そこで籤《くじ》取りをしてきめますと、清岡治之助《きよおかじのすけ》・阿《あ》部多司馬《べたしば》・岡田以蔵の三人が当りました」

となった。町奉行所の役人は及び腰で犯人が捕まる様子はなく、しかも藩邸内は治外法権である。このころになると岡田たちは、殺人をゲーム感覚で楽しんでいたのだろう。そもそも、

目明し文吉（『東西評林』）

相手を殺さなければ自分が殺されるといった切羽詰まった状況ではない。

籤で刺客が決まると、「あの様な犬猫同前のものを斬るのは刀の汚れである。絞め殺すが宜《よろ》しい」との島村衛吉の提案で、五十嵐と上田宗《うえだそう》児《こ》が行李《こうり》を結ぶための細引を買いに行った。

『東西評林』によれば文吉は二条新地《しんち》の妾宅で帯刀の三名に拉致《らち》され、三条河原に連れてこられた。そして細引で首を絞められて殺され、木綿をさらす場の杭《くい》に裸で手首や腹部を縛り付けられて放置された。桜田門外や坂下門外の浪士たちは、みずからの生命と引き換えに相手を斃そうとしたが、岡田たちにはそのような悲壮な決意は感じられない。抵抗できない者を寄ってたかってなぶり殺しにするサディスティックな快感に酔いしれながら、それを正義と信じていただけである。

斬奸状には文吉が「先年より島田左近に随従し、種々姦謀の手伝ひ」をしたこと、特に安政の大獄のさい「諸忠志の面々を苦痛致せしめ、非分の賞金を貪」ったこと、島田の金を預かり高利貸を営んだことなどを「誅戮」すべき罪として挙げる。五十嵐によれば、この文をかねてから用意していたのは久留米脱藩の松浦八郎《まつうらはちろう》で、「この前後の罰文（斬奸状）は大概松浦の手になつたものであります」という。

猟奇の度を増した生々しい殺人ショーに、またも黒山の人だかりができたのはいうまでもない。黒幕の武市は九月一日の日記に「朝、裏の川原に文吉と云者ハツ、ケに致しこれ有り、見物沢山なり」と、相変わらず白々しく書いている。

石部宿の暗殺事件

島田左近、宇郷玄蕃、目明し文吉と安政の大獄で「志士」の捕縛を助けた者たちが矢継ぎ早に無惨な死を遂げると、危機を感じた幕府は当時弾圧のために働いた京都勤務の与力同心たちを、江戸に転勤させることにした。

ところが、これを武市半平太らが見逃すはずがない。武市日記の文久二年（一八六二）九月二十一日の条には「早朝、津和野《つわの》藩福羽文三郎《ふくばぶんざぶろう》（美静《びせい》）来る。森《もり》・渡辺《わたなべ》・大賀原《おおがわら》等の奸物江戸召され、二十三日発足の旨申し来る」とあり、情報を入手している。それから長州の久坂玄瑞や薩摩の同志に会い、どのように殺すべきか相談したようだ。

こうして二十三日早朝に京都を発ち、江戸を目指して東海道《とうかいどう》を進む京都西町《にしまち》奉行所組与力渡辺金三郎《きんざぶろう》、同心上田助之丞《うえだすけのじょう》、東町《ひがしまち》奉行所組同心森孫六《もりまごろく》、大河原十蔵《おおがわらじゅうぞう》の四名は同夜六ツ時（六時）ころ、近江石部《いしべ》宿（現在の滋賀県湖南《こなん》市）に宿泊中を襲撃され、殺された。四名はそれぞれ別の宿に泊まっており、ほかに渡辺の息子が重傷、上田の家来も負傷（死亡とも）したという（『東西評林』）。武市の日記九月二十三日の条には、

「此の夜斬奸の事これ有り。賢（堀内賢之進《ほりうちけんのしん》）・乙（川田乙四郎《かわたおつしろう》）・菊（千屋菊次郎《ちやきくじろう》もしくは鎌田菊馬）・熊（千屋熊太郎）・健（弘瀬健太《ひろせけんた》）・治（清岡治之助）・米（筒井米吉《つついよねきち》）・保（中平保太郎《なかひらほたろう》もしくは小川保馬《おがわやすま》）・収（平井収二郎）・虎（千屋寅之助《ちやとらのすけ》）・喜（山本喜三之進《やまもときそのしん》もしくは久松《ひさまつ》喜代《きよ》馬《ま》）・保（小笠原保馬《おがさわらやすま》）十二士なり。長より十、薩より二なり」

とある（人物特定は『維新暗殺秘録』による）。二十数名という、これまでにない大規模な刺客団だった。メンバーについて、五十嵐敬之は次のように語り残している。

「これは余程大仕掛けの襲撃で、薩・長・土・久留米の志士が二十余人で出掛けた。薩摩からは田中新兵衛が行つた。其の外五、六人も行つた様であるが、今其の名前は忘れた。長州からは久坂玄瑞・寺島忠三郎と外に六、七人。土佐からは清岡治之助・山本喜三之進・堀内賢之進・岡田以蔵と外に四、五名も行て居る」

数十年を経た記憶なので注意して読む必要があるが、武市日記にはなかった「岡田以蔵」の名が見える。長州の久坂玄瑞や寺島忠三郎は吉田松陰門下で、同年七月、長井雅楽暗殺を企むも果たせず自首し、九月十二日に謹慎が解かれたばかりだった。ただ気になるのは五十嵐が翌日、木屋町の武市寓居で田中新兵衛の姿を見たと語る次の部分である。

「薩人が一人血糊《ちのり》の付た刀を抜て改め居る。堀内賢之進に『あれは誰であるか』と問ふと、『あれは薩の田中新兵衛である』との話である。『実は昨晩しかじかのことで、我々は石部へ迄出懸けて大仕事をやつて来た』との話でござりました」

ところが武市日記の九月十七日の条には「田中新兵衛明日俄《にわか》に帰国の由、その子細告げ来る。酒肴出す」とあり、リアルタイムで書かれたこちらを信じるなら、田中は事件数日前には京都から去っていたことになる。五十嵐の記憶違いの可能性が高い。

刺客たちは渡辺・森・大河原の首級を京都・粟田口《あわたぐち》の仕置場（処刑場）に持ち込み、それぞれ竹に結んで名札を付けてさらした。上田の首は後から追加されたようである。傍らの高札に書かれた斬奸状には「戊午（安政五年〔一八五八〕）以来長野主膳・島田左近の大逆賊に与《くみ》し……古来未曽有《みぞう》の御国難を醸し……毒計《どっけい》を逞《たくましゅう》せんと致す段……これに因《よ》り天戮を加へ候者なり」とあった。『東西評林』には梟首の様子を生々しくレポートした、次のような手

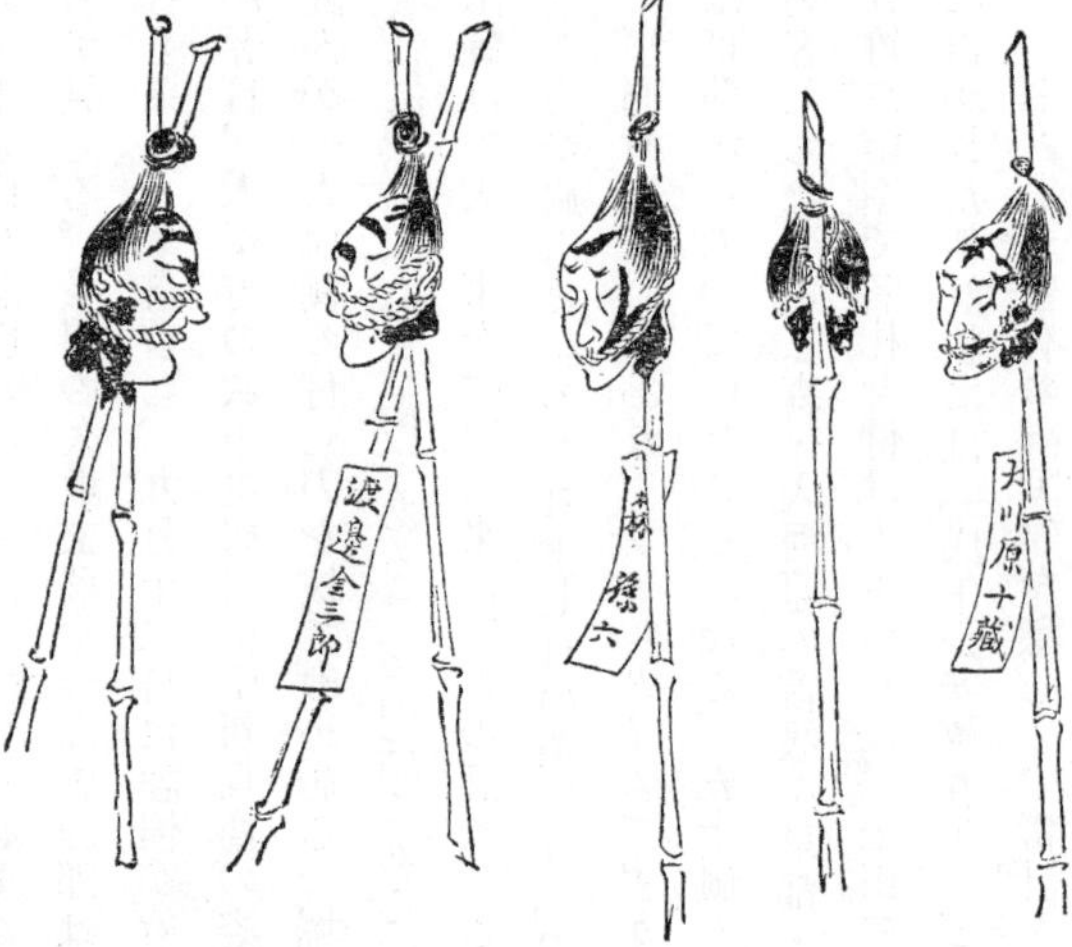

渡辺金三郎らの首（『東西評林』）

紙が掲載されている。

「二十四日朝より八ッ時（二時）過ぎ迄の見物人夥しく、私も見物に罷《まか》り越し申し候。渡辺の首は横ビンよりはすにかけ二寸五分程の深さに切込み、疵壱ヶ所柘榴《ざくろ》のごとく口明き、いかにもいやらしき事にござ候。森孫六の首は額に十文字に疵請け、是は余程立ち合い申し候と相見え申し候。大河原は無疵の首」

治安を守る側の幕府役人が四名も呆《あっ》気《け》なく首を奪われ、しかも処刑場にさらされるのだ。幕府権威の失墜を市民に見せつけるに十分だった。

平野屋・煎餅屋の生きざらし

尊攘派の勢いが急上昇した文久二年（一八六二）は、二度も勅使が幕府に派遣されている。一度目は大原重徳が勅使で、島津久光ら薩摩が護衛して五月二十二日に京都を発った。二度目は三条実美が正使、姉小路《あねがこうじ》公知《きんとも》が副使で京都を発ったのは十月十二日である。こちらの護衛は土佐藩主山内豊範が命じられ、武市半平太は岡田以蔵ら土佐勤王党の面々を引き連れ、列に加わった。だが、これら勅使下向の人夫斡旋につき収賄が行われたとして、人入れ稼業の二名が天誅のターゲットになる。

ひとりは京都相国寺《しょうこくじ》の門前に住む平野屋寿三郎《ひらのやじゅさぶろう》で、大原下向のさいは随従もして重宝がられた男である。五十嵐敬之の「天誅見聞録」によると、土佐の五十嵐と千屋寅之助・岡田以蔵、それに寺島忠三郎ら長州の二、三名が御室《おむろ》近所にあった平野屋の潜伏先に踏み込んで斬ろうとした。しかし七、八歳の女の子が出てきて「どうぞ、おとうさんをお助けください」と頼むので情が湧《わ》き、殺すのはやめて生きざらしにすることにした。もうひとりの煎餅《せんべい》屋の方は鞍馬口《くらまぐち》に住んでいたというが、誰が捕らえてきたか分からない。

小寺玉晁の『東西評林』によると十月十一日朝、鴨川河筋二条橋北の河原に、平野屋と煎餅屋が木綿さらし場の杭に衣服を着たまま括《くく》り付けられているのが見つかった。前夜四ツ時

平野屋・煎餅屋の生きざらし（菊池明『幕末天誅斬奸録』）

（十時）ころから括られているとのこと。傍らの斬奸状には勅使下向にさいし、「宿々おいて無理非道に莫大《ばくだい》の金銭を貪り取」った罪を挙げ、「……こらしめの為めこの者一日さらしの上、ゆるし遣《つか》はすものなり」とする。また札の裏には「……明十一日申刻《さるのこく》（午後四時）ゆるし家にかへすべし。その後召し捕り候者これ有るにおいては曲事《くせごと》たるべし」と、期限まで決められていた。もっとも同日の午刻《うまのこく》（十二時）過ぎには、町奉行所に連れて行かれたという。

翌日は二度目の勅使に従い京都を発つという慌ただしい最中だったが、武市は見に行き日記に「二条河原に見物多し」と記す。こうして武市も岡田も京都を離れてゆく。武市や岡田が直接関わった暗殺は、ひとまずこのへんで終わった。

しかし、テロそのものは続いた。十一月十四日夜には、かつて大老井伊直弼の寵愛《ちょうあい》を受け、長野主膳の妾でもあった村山加寿江《むらやまかずえ》が島原《しまばら》の遊里近くで捕らえられ、三条大橋（異説あり）に縛られて、生きざらしにされている。翌十五日夜には多田帯刀《ただたてわき》という金閣寺《きんかくじ》の寺侍が斬られ、粟田口（異説あり）に梟首された。多田は加寿江の息子（養子とも）で、斬奸状によれば安政の大獄のさい島田左近や長野主膳に協力したことを白状したため、「天誅を加ふる者なり」とあった。

犯人は長らく不明だったが、半世紀後の大正四年（一九一五）九月十一日、依岡権吉《よりおかごんきち》が維新史料編纂官岩崎英重《いわさきひでしげ》（鏡川）に自分の仕業だと明かした。依岡は当時京都残留の土佐勤王党のひとりで、ほかに土佐から小畑孫三郎・河野万寿弥・千屋寅之助、長州から楢崎八十槌《ならさきやそつち》ら十余名、全部で二十名ほどが行ったという（『維新暗殺秘録』）。

赤穂藩重臣暗殺事件

幕末の播州《ばんしゅう》赤穂藩は森《もり》家二万石で、財政難は慢性化していた。足軽の次男坊で二十五歳の西川升吉《にしかわますきち》は文久二年（一八六二）八月末、藩の許しを得ずに尊攘派が席巻する京都に走る。約ひと月滞在し、姫路《ひめじ》藩重臣河合惣兵衛《かわいそうべえ》の仲介で薩摩藩の藤井良節・海江田信義、土佐藩の平井収二郎、長州藩の久坂玄瑞ら大物「志士」の知遇を得、強い影響を受けた。

このままでは赤穂藩は時代の波に乗り遅れてしまうと焦った西川は、帰国して主に下級武士から同志を募る。さらに薩摩から赤穂に圧力をかけさせ、西川は村上直内《むらかみなおうち》（霜軒《そうけん》）ともに藩の国事周旋掛に就いた。

村上と京都に出た西川は家老の各務兵庫《かがみひょうご》を土佐の平井や長州の佐々木男也《ささきおなり》に会わせ、またも赤穂藩に圧力をかけさせた。蟄居《ちっきょ》中である赤穂の尊攘派を、復権させろというのだ。しかもそれは、朝廷の意向だと迫る。

実は赤穂藩では、このときから五年前に政争があった。それは尊攘云々といったイデオロギーの対立ではなく、世継ぎをめぐる争いである。それを利用した西川は思いどおりに動かない藩の実力者である家老森主税《もりちから》と用人村上真輔《むらかみしんすけ》（天谷《てんごく》）を暗殺により斥《しりぞ》け、蟄居中の森続《ぞく》之丞《のじょう》らをかつぎ出して尊攘派に仕立て上げ、自分たちの旗頭に据えようと企てた。

十二月九日夜、西川は赤穂城塩屋門《しおやもん》外にあった村上家を八木源左衛門《やぎげんざえもん》・松村茂平《まつむらもへい》・松本善《まつもとぜん》治《じ》・山下鋭三郎《やましたえいざぶろう》とともに訪ね、真輔を呼び出し、斬り殺す。つづいてこの五名に青木彦四郎・西川邦治・山本隆也・高村広平・吉田宗平・浜田豊吉・田川運六・木村寅治が合流し、詩会を終えて帰宅する途上の森主税を二ノ丸門外で襲撃し、殺した。いわゆる赤穂の「文久事件」である。斬奸状では村上真輔は「主税殿驕奢《きょうしゃ》も取り押さへ候事もこれ無く、下々の困苦を救ふの御処置も相見え申さず」云々とし、森主税の悪政を見逃したとする。森主税は「御家御大切の時に当たり、少しも憂国の心これ無く、日夜宴遊に耽《ふけ》り日々驕奢のみ増長致され、自己の権威を振るひ」云々と、さんざんないわれようだ（赤穂市立歴史博物館特別展図録『藩儒村上氏』平成二十九年）。

森主税が殺された赤穂城二ノ丸門外

西川ら十三名の刺客は二手に分かれて京都に逃れ、土佐藩邸の同志平井収二郎らを頼り匿われた。だが、平井らが失脚したため翌三年三月十三日、大坂から赤穂に海路送り返されてしまう。それでも、暗殺のおかげで復権した森続之丞らが実権を握るうちは優遇された。ただし続之丞にすれば西川ら十三名は、政権を奪うための道具にすぎない。勤王や尊攘などは、あまり興味がなかったようだ。

その後、尊攘派が八月十八日の政変で失速すると、十三名への風当たりが強くなる。紆余《うよ》曲折《きょくせつ》を経て十三名の刺客は自決、処刑、戦死など次々と命を散らせてゆく。

生きて「明治」を迎えたのは八木・西川・山本・田川・吉田・山下鋭三郎の六名と、山下新一（恵助）だった。しかし赤穂でも冷遇され、山下新一は自決した。残った六名に少年ひとりを加えた一行は高野山《こうやさん》の森家墓所管理を命ぜられて赴くが、明治四年（一八七一）二月二十九日、村上真輔の一族に待ち伏せされ全員討たれた。間もなく明治政府は太政官《だじょうかん》布告三十七号で仇討ちを禁止したため、高野山の一件は「日本最後の仇討ち」と呼ばれる。

御殿山イギリス公使館焼討ち

生麦事件でイギリス人を斬った薩摩藩は、急進的な尊攘派から喝采を浴びた。一方、長州藩は「航海遠略策」から「奉勅攘夷」に藩是を急転させたものの、その極端さが、かえって失笑を買ってしまう。

長州藩の若手官僚で志士的側面を強く持つ高杉晋作は藩内で十余名の同志を募り、文久二年（一八六二）十一月十三日、武州金沢《かなざわ》（現在の横浜市）で外国公使暗殺を企む。長州の信頼回復、攘夷実行の督促を目指したものだった。同年四月、長州藩が京都に出兵したさいは、本来なら藩政に直接関与できない若き藩医の久坂玄瑞らが上層部を突き動かした。しかし半年ほど経った今回は、上層部の晋作らが久坂たちを巻き込むような形になっていた。それほど尊攘論が浸透していたのだ。

ところが、同盟を求めた土佐の武市半平太から計画が事前に漏洩《ろうえい》し、中止せざるをえなくなる。それでも諦《あきら》め切れない晋作らは血盟書を作る。前文は玄瑞が書いた。「十三日夜の次第忘却候ては相叶《かな》はず、百折不屈、掃除夷狄、上は叡慮を貫き、下は君意を徹《つらぬ》くの外、他年これ無く、国家の御楯《たて》と成るべく覚悟」と誓う。

こうして十二月十二日深夜、品川のはずれ御殿山に建設中のイギリス公使館に忍び込み、全焼させた。ほぼ完成していた公使館は、一棟二階建ての豪勢な洋館だった。焼討ちメンバーは諸書により多少異同があるものの中原邦平『井上伯伝・一』(明治四十年)や血盟書、回顧談その他の史料から考察すると次の十四名が妥当だろう。

高杉晋作

高杉晋作・久坂玄瑞・大和弥八郎《やまとやはちろう》・長嶺《ながみね》内蔵太《くらた》・志道聞多《しじぶんた》(井上馨《いのうえかおる》)・松島剛蔵・寺島忠三郎・有吉熊次郎・赤禰幹之丞《あかねみきのじょう》

（武人《たけと》）・山尾庸造・伊藤俊輔・白井小助・堀真五郎《ほりしんごろう》・福原乙之進《ふくはらおとのしん》。この中の志道・山尾・伊藤は半年後の文久三年五月、イギリス・ロンドンへ長州藩の秘密留学生として派遣され、西洋文明に圧倒されて力任せの攘夷は不可能だと悟った。三名とも後年明治政府の重鎮となったのは、周知のとおりである。

焼討ちは水面下では長州の仕業だと評判にはなったが、結局犯人は捕らえられずに迷宮入りとなった。実は幕府は江戸湾を見下ろす要地である御殿山を、外国人に使用させることを孝明天皇から反対されて困窮していた。テロ再発を恐れるイギリス側は、御殿山の使用を二度と言い出さなかった。晋作たちは一時的に、幕府を助けたことになる（拙著『高杉晋作情熱と挑戦の生涯』平成二十六年）。

十一月二十七日、江戸城で攘夷督促の勅書を受け取った将軍家茂は明春みずから上洛し、奉答すると約束した。こうして政局は、江戸から天皇がいる京都へと移ってゆく。

第三章　「言路洞開」を求めて

文久三年（一八六三）二月、将軍徳川家茂は江戸を発ち、上洛した。急進的な尊攘派はこれを機に叡慮（孝明天皇のみこころ）に従い、すみやかに幕府に攘夷を実行させようとする。そのため、政策決定の権限を持つ者に恐怖を与える目的の暗殺事件が頻発した。

かつての桜田門外や坂下門外のように幕府高官を直撃するのは、テロリストとしてもリスクが大きい。必ずしも当人の命を奪う必要はなく、脅して黙らせればいいのだ。それが政局に影響を及ぼし「言路洞開《げんろどうかい》」につながったら、国事に関与しているとの自己満足も得られただろう。利口になったテロリストたちは、要人周囲にターゲットを定めた。より恐怖を与えるため、より衝撃的な殺し方、死体の見せ方が工夫される。

攘夷期限が文久三年五月十日と決まるや、勅を奉じた長州藩は下関の砲台から関門《かんもん》海峡を通航する外国艦を容赦なく砲撃した。こうしてテロは個人から一気に藩、国レベルへと拡大してゆく。

テロリストの大義名分の大半は、「天皇」に関係していた。一方、天皇権威を利用する者を密殺するテロも行われる。ただ、将軍も頭が上がらない天皇権威を振りかざして暴走する者たちは、生身の天皇の思いから乖離《かいり》していることに気づかなかった。天皇の代弁者のごとく振る舞っていた者たちが、やがて生身の天皇により政局から駆逐されてしまうのは、当然といえば当然の結果だったのである。

池内大学暗殺

文久三年（一八六三）一月二十二日、大坂で儒者の池内大学《いけうちだいがく》（陶所《とうしょ》）が殺されたが、これは一風変わった暗殺だった。刺客は岡田以蔵との説があるが（『維新暗殺秘録』）、確かなところは不明である。

かつて池内は京都で医業と儒者を兼ね、宮家にも出入りし、戊午の密勅降下にも関与したという大物勤王家だった。だから幕府は危険人物としてマークしていた。このため安政の大獄が始まるや、池内はいったん伊勢方面に逃げる。だが、安政五年（一八五八）十月、京都町奉行所に自首し、江戸へ送られて糾問された。その結果、翌六年八月、追放に処され、のち大坂に退き「泰蔵」と名乗る。

ところが意外と処罰が軽かったためか、幕府に内通したのではないかとの噂が立つ。そのうち大坂で土佐藩前藩主山内容堂の酒席に招かれた後、尼崎町《あまがさきちょう》（現在の大阪市中央区《ちゅうおう》今橋《いまばし》）の自宅に帰ったところを暗殺されてしまった（菊地明《きくちあきら》『幕末天誅斬奸録』平成十七年）。享年五十。斬奸状には「遂《つい》に反覆（裏切り）いたし姦吏に相通じ、諸藩誠忠の士を数多斃し、苟《いやしく》も自ら免《のが》る」とあり、噂を真に受けての暗殺だったことが分かる。首は難波橋《なにわばし》にさらされたが、大坂では初の「天誅」だから評判になった。しかも両方の耳は斬り落とされていた。

その両耳は二十四日夜、京都の正親町三条実愛《おおぎまちさんじょうさねなる》（嵯峨《さが》実愛）と中山忠能《なかやまただやす》の屋敷に投げ込まれる。正親町三条は「航海遠略策」に賛意を示し、中山は和宮降嫁に従って江戸へ下ったため、尊攘派から恨まれていた公卿である。添え状には「三日間にその職を解かせられずば、この耳の如くにし奉らむ」とあった。震え上がった二名の公卿はただちに議奏を退きたいと願い出、三日後に受理された。

これは、幕府寄りの公武合体を進めようとする山内容堂に対する脅しでもあったのだろう。京都を目指し淀川《よどがわ》をさかのぼる途中、枚方《ひらかた》あたりで池内暗殺の知らせを受けた容堂は、きわめて不機嫌で口をきかなかったという（『維新暗殺秘録』）。

賀川肇暗殺

つづいて文久三年（一八六三）一月二十八日夜、千種《ちぐさ》家の雑掌を務める賀川肇《かがわはじめ》が京都下立売《しもたちうり》門千本東入ル町の自宅で、踏み込んできた刺客十数名に殺された。賀川が仕える千種有文《ありふみ》は岩倉具視《いわくらともみ》・富小路敬直《とみのこうじひろなお》とともに「三奸」と呼ばれ、尊攘派から憎まれて文久二年秋に退身させられた公卿である。

刺客は暗殺後、壁に賀川の罪状を箇条書きして去った。先に暗殺された島田左近や渡辺金三郎とともに安政の大獄のさい、賀川が弾圧の片棒を担いだことなどがその理由だったが、最後に、「この家下女某なる者、死を以て主人の在宅を隠し候段、感の至りなり。小児志操有り。親の罪を尋ね申し候」と書き添えられていた。下女や十一歳の息子弁之丞《べんのじょう》が命がけで賀川を庇《かば》おうとしたことが、刺客の心を打ったらしい。

刺客たちは賀川の首を討ち、さらに胴体から両腕を斬りとって持ち去った。首は二月一日夜、東本願寺《ひがしほんがんじ》の門前（太鼓楼上とも）の板（三方《さんぼう》とも）の上に置かれていたのが見つかる。東本願寺は将軍家茂に先駆けて上洛した、将軍後見職一橋慶喜の宿舎だった。添え状では早く攘夷を実行せよ、期限を決めろなどと迫ったり、将軍が天皇に「ぜひ開国通商」をと説得するつもりとの疑惑ありとし、「この首粗末ながら攘夷の血祭りの御怡《よろこび》の印迄進覧奉り候」とある。

同じころ左腕は岩倉具視の屋敷に、右腕は千種有文の屋敷に持ち込まれた。添えられた斬奸状は、

「この手は国賊賀川肇の手にござ候。肇儀は岩倉殿（あるいは千種殿）ひさしく御奸謀これあり、別して御親しき候事ゆゑ、定めて御慕はしくこれ有るべく、依って進上つかまつり候。直ちに御届け給ふべく候」

云々と、脅迫している。

さらに二月七日には千種のもとに投げ文があり、「不義の栄華を極め」とか「家来賀川肇を以て、高位高官の御方を悪道に取り入れられ、実に有るまじき国賊人」などと激しい言葉で非難する。

賀川暗殺犯は当初不明とされたが、のちに姫路藩の萩原虎六《はぎわらころく》・江坂元之助《えさかもとのすけ》・伊舟城源一《いばらきげんいち》郎《ろう》・松下鉄馬《まつしたてつま》・市川豊三《いちかわほうぞう》らであることが判明した。徳川譜代の姫路藩酒井《さかい》家からも、このような反幕府的分子が出るところが、時代を感じさせる。姫路藩はのち元治《げんじ》元年（一八六四）

十二月二十六日、かれらに切腹を命じた。

百姓惣助暗殺

千種家の関係者に対する「天誅」はまだ続く。

文久三年（一八六三）二月八日夜、百姓惣助《そうすけ》の首が風呂敷（奉書とも）に包まれ、京都河原町蛸薬師《たこやくし》の土佐藩邸門前の高瀬川橋上に置かれているのが見つかった。

惣助は千種家領地の山城国葛野《やましろのくにかどの》郡唐橋《からはし》村の庄屋《しょうや》で、やはり安政の大獄の弾圧に関わったとされる。添え状では国是を定めるべく上京した山内容堂に、急進的な攘夷実行に協力するよう迫る。

「速やかに攘夷の期限を決め、人心帰向を定め、多年宸襟《しんきん》を悩まし奉り醜夷を一期に御退治在らせられたく、天下万民の歎願《たんがん》するところ」

などとあり、幕府が行う開国支持に傾きそうな容堂を脅迫した。

さすがに容堂もショックを受けたようで、親交があった松平春嶽にあてた手紙で「今朝僕が門下へ首一つ献じこれ有り候。酒の肴《さかな》にもならず、無益の殺生憐《あわ》れむべし、憐れむべし」と、戯《ざ》れ言《ごと》にまぎらわしている（『維新暗殺秘録』）。

この事件後、前年十二月に家臣団を率いて京都入りした守護職の会津《あいづ》藩主松平容保《かたもり》は関白鷹司輔熙《たかつかさすけひろ》のもとに赴き、暗殺事件が繰り返される原因を「上下の事情がへだたりすぎていることによる」とし、解決策として「あまねく令を発して、言路をひらく方法をとることにした」と知らせた。それでも従わない者は断固逮捕するから、「堂上家においても、万一これらの事があっても、みだりに動揺されることのないように」と述べた（山川健次郎《やまかわけんじろう》『京都守護職始末・一』昭和四十年東洋文庫版）。

新撰組誕生

幕府は和宮降嫁の条件として、国力を蓄え七、八年ないし十年以内に攘夷を実行すると、すでに孝明天皇に誓っていた。

それでも急進的な尊攘派は上洛する将軍徳川家茂に、攘夷実行の期限を決めさせたい。このため文久三年（一八六三）二月十一日、長州の久坂玄瑞・寺島忠三郎、肥後の轟《とどろき》武兵衛《ぶへえ》は関白鷹司輔熙のもとへ押しかけ、建白を突き付けた。それは国事掛への人材登用、攘夷期限の早期決定を朝廷から幕府へ迫ること、自分たちの意見が上層へ達する「言路御洞開」などを求めた内容で、認められない場合は、「天下の人心騒擾《そうじょう》罷《まか》り在り、この往《さき》いかやらの変動出来《しゅったい》も計り難く」などとあった。要するに聞き入れてくれなければ、テロが起こる可能性があるとちらつかせたのだ。池内、賀川、惣助と異様な暗殺事件が続いていただけに、鷹司は震え上がっただろう。建白は天皇のもとに届けられ、裁可される。

二月十五日、二条城《にじょうじょう》での幕府首脳の会議では、玄瑞らの建白が問題視された。一橋慶喜や松平春嶽は玄瑞らを捕らえようとしたが、京都守護職の松平容保は反対する。容保は玄瑞らを捕らえたらかえって騒ぎが大きくなるので、言路洞開こそが浪士鎮撫《ちんぶ》の一方策だとの持論を主張した。さらに主君を離れて周旋する者は元に帰し、主のない者は幕府が面倒を見るということで一応議決した（『会津藩庁記録・三』）。

テロに走りかねない浪士たちを組織化し、自分たちが統率して働かせるとの容保の案は、間もなく実現する。二月二十三日、将軍家茂の列外護衛として上洛するも、方針転換により行き場を失った芹沢鴨《せりざわかも》・新見錦《にいみにしき》・近藤勇《こんどういさみ》・土方歳三《ひじかたとしぞう》・沖田総司《おきたそうじ》ら十数名の浪士を容保が引き受け、支配下に組み入れたのだ。のちの新撰組《しんせんぐみ》（新選組）である。芹沢や近藤らは「尊王攘夷」の志の持ち主だった。将軍家茂が攘夷を断行したら、外国軍相手に戦うつもりである。

だが、新撰組もまた方針を転じさせられた。京都の治安維持を任され、急進的な尊攘派弾圧に活躍する。特に元治元年（一八六四）六月には、三条池田屋《いけだや》で謀議する長州系の浪士たち多数を取り締まって名を上げた。結果から見ると容保は毒をもって毒を制することに成功したといえよう。

足利三代将軍木像梟首

文久二年（一八六二）七月の島田左近以来、京都を中心に行われてきた暗殺のターゲットの大半は、安政の大獄のさい幕府権力の末端で働いた者たちだった。しかし半年も続くと、そろそろネタ切れになってくる。

浜田辰弥《はまだしんや》こと田中光顕《たなかみつあき》は土佐の陪臣で武市半平太の門下だった。維新後は警視総監や学《がく》習院《しゅういん》長、宮内大臣などを務め昭和十四年（一九三九）、九十七歳まで生きる。文久三年二月、土佐国高岡《たかおか》郡佐川《さかわ》から数名の同志とともに京都に上ってきた田中は、ただちに暗殺のターゲットを探したと後年『維新風雲回顧録』（昭和三年）の中で語っている。

「さて、天誅が、此《こ》う盛んになつて来ると、もう手を下すべき何者もない。

私共の同志の間にも天誅が問題になつたが、差当つて、目標とすべき姦物が見当らない」

そこで、洛西《らくせい》の臨済宗等持院《とうじいん》の霊光殿《れいこうでん》に安置されている足利将軍歴代の木像に注目する。

特に後醍醐《ごだいご》天皇の建武《けんむ》の新政に背き、初代室町将軍となった足利尊氏《たかうじ》は尊攘派に「朝敵」扱

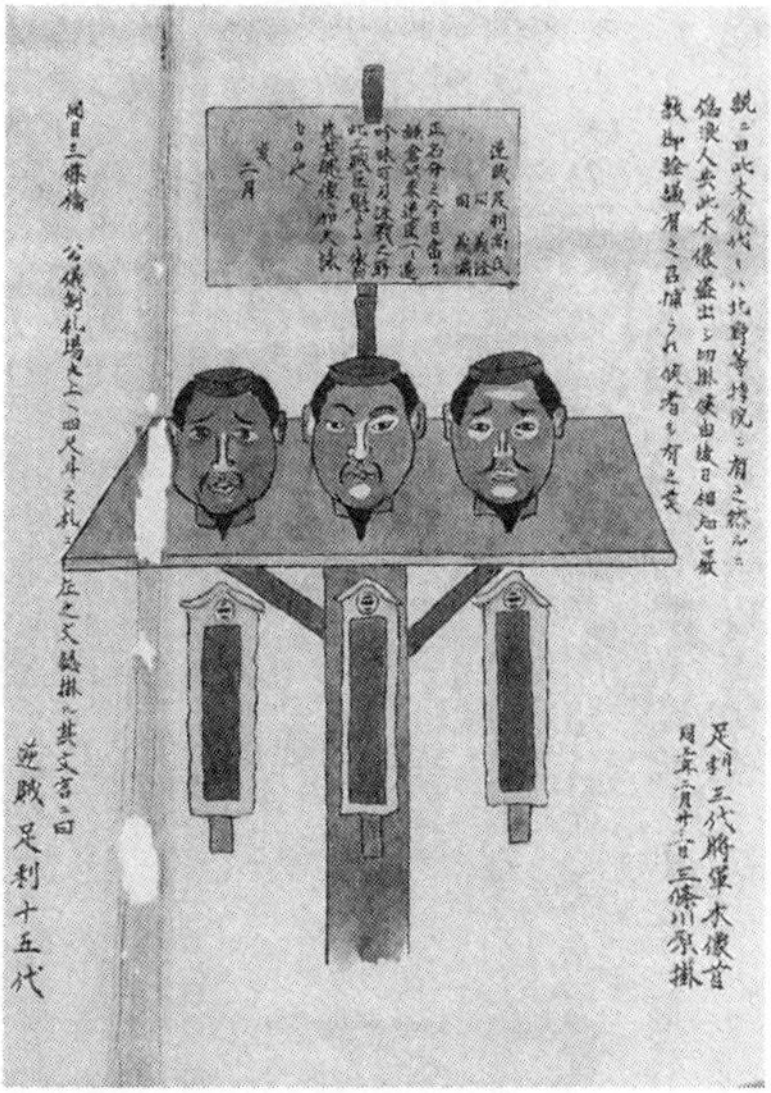

足利木像事件（『幕末天誅斬奸録』）

いされ、激しく憎まれていた。「木像退治」は二月二十二日夜に決まったと田中はいう。ところが「一歩《ひとあし》先へ、木像の首を刎《は》ねてしまった」者たちがいた。

二月二十二日夜、木像のうち尊氏・義詮《よしあきら》・義満《よしみつ》の首が引き抜かれ、位牌《いはい》と一緒に持ち去られたのである。翌朝それらは次の斬奸状付で、三条河原にさらされた。

「

逆賊　足利尊氏

同　義詮

同　義満

名分《めいぶん》を正す今日に当り、鎌倉以来の逆臣一々吟味をとげ、誅戮致すべきの処《ところ》、此の三賊巨魁《きょかい》たるによりて、まずは其の醜像へ天誅を加うるものなり。

文久三年亥《い》二月二十三日」

犯人は三輪田元綱《みわたもとつな》・師岡節斎《もろおかせっさい》など平田《ひらた》派国学の門人たちで、同じ趣旨を詳しく書いた文が三条大橋西詰の高札場に掲げられた。それによると、そもそも鎌倉幕府を開いた源頼朝が、朝廷を悩ました不忠の始まりとする。つづく武家政権の北条も足利も天皇翼賛にならず、神人ともに誅《ちゅう》すべきだが、朝廷は微力でそれができなかった。五百年前なら自分たちが生首を引き抜くところだが、それができないので木像の首を刎ねるのだという。

その真意は近く上洛する将軍徳川家茂に対する嫌がらせ、威嚇であることはいうまでもない。もっとも、田中光顕の言からも分かるように功名心によるテロが流行しており、他人の生命を奪わなければならないような切迫した理由は、どこにも見当たらない。

木像梟首事件の犯人捕縛

幕末の京都が無法化したのは、治安を担当する町奉行所が逆恨みを恐れ、捜査に本腰を入れなかったからだ。見て見ぬふりでやり過ごそうとするから、大抵の暗殺犯は捕らえられずに済んだ。小寺玉晁は町奉行所が「死骸の片付役所」と呼ばれていたと記す（『東西紀聞』）。

そこへ、会津藩主松平容保が家臣団を率い、新しく設置された京都守護職として入ってくる。

容保は足利三代木像の梟首を、単なる悪戯《いたずら》では済まさなかった。朝廷から官位を受けた足利尊氏らを辱めたのは、朝廷を辱めたことであると、容保はこれまでの浪士に対する寛容な態度をあらためる。犯人を厳刑に処さなければ、国家の典刑が立たぬと言い出した。

会津藩の大庭《おおば》恭平《きょうへい》は浪士たちと交流していたから、犯人たちの所在は分かった。ところが容保から捕縛を命じられた町奉行所は、犯人の一味は四、五百名もおり、逮捕すればいっせいに蜂起《ほうき》するとの情報を信じて二の足を踏む。それでも容保は、

「浮浪の徒がたとえ幾百人いようとも元来烏合《うごう》の鼠輩《そはい》、なにほどのことでもないし、たとえ彼等《かれら》が強力であっても、国家の典刑は正さねばならない」

と、会津藩士を「賊一人に対して上士二人、下士二人、足軽三人」で編成し、奉行所の者とともに文久三年（一八六三）二月二十六日夜半、二隊に分けて浪士のアジトへ向かわせ、捕縛した（『京都守護職始末・一』）。このときの町奉行所の体たらくが、のちに新撰組結成につながったといえる。

ところが犯人処分をめぐっては、公卿の三条実美や長州藩主などから赦免の嘆願が出たりして紛糾し、六月になって寛典に処されることが決まった。この事件に関する唯一の研究論文である浅井昭治「足利将軍木像梟首事件」（思想の科学研究会編『共同研究明治維新』昭和四

十二年）によれば、犯人の名と出身地、処分などは次のとおりである。

当分諸侯などの屋敷に預けられることになったのは三輪田元綱（伊予国。神官）・師岡節斎（江戸。医師）・大庭恭平（会津藩士）・青柳健《あおやぎけん》之《の》助《すけ》（下総国《しもうさのくに》。豪農）・建部建一郎（不明）・宮《みや》和《わ》田《だ》勇《ゆう》太《た》郎《ろう》（下総国。名主）・長沢真事（陸奥《むつ》国）・野呂久左衛門（備前岡山藩陪臣）。親類預けとなったのは西川善六《にしかわぜんろく》（近江国。肥料商）。長尾郁三郎（京都。綿商）は士分の扱いを受けず、京都六角牢《ろっかくろう》に投ぜられ、翌年七月の「禁門《きんもん》の変」のさい殺されてしまった。諸侯屋敷に預けられた者たちは明治元年（一八六八）に赦免されている。

この中の大庭以外はみな、平田派国学の門人だった。江戸と京都の門人グループが合流して、木像梟首事件を起こしたのである。中世以前は天皇の下、すべてが臣下と説く平田国学の門人にとり、叡慮の攘夷をなかなか実行しない将軍は逆賊だった。

一方、容保の断固たる態度は市民の信頼を得る。『京都守護職始末・一』には、

「はじめ京師の人らは、わが公が浪士に対して寛大なのをみて、あるいはこれを疑うものも多かったが、ここに至って、その真意がどこにあるかをさとり、こぞってわれわれに依頼するに至った」

とある。京都の治安を預かる容保にとっても、事件はその存在をアピールするため大きな意

味を持っていたのである。

将軍家茂暗殺計画

文久三年(一八六三)二月十三日、将軍徳川家茂は三千名の行列で江戸を発って東海道を進み、三月四日、京都の二条城に入った。三代将軍家光《いえみつ》以来、二百二十九年ぶりの将軍上洛である。すでに長州藩などは公卿三条実美らと結びつき、家茂を待ち構えていた。

幕府側は孝明天皇に対して攘夷実行を約束する代わり、将軍にあらためて全面的な政務委任を約束してもらいたい。だが、三月七日、参内した家茂が受けたのは攘夷奨励は当然としても、国事に関しては天皇から直接大名に命じることがあるとの旨だった。ここで幕府側は、将軍上洛の意味の大半を失う。

ならば江戸に帰りたいところだが、それは天皇が許さない。家茂は三月十一日、下鴨《しもがも》神社・上賀茂《かみがも》神社への攘夷祈願の行幸《ぎょうこう》に供奉《ぐぶ》させられた。つづいて天皇側は男山《おとこやま》の石清水八幡宮《いわしみずはちまんぐう》行幸にも供奉させ、神前で節刀《せっとう》を与えて攘夷を誓わせようとする。八幡宮は徳川家もその流れを汲《く》むという源氏《げんじ》の氏神だ。これを知った幕府側は、なんとか家茂を江戸へ帰らせようとする。

三月十九日、石清水行幸が四月四日に決まると、家茂は一橋慶喜らを従えて参朝し、東帰したい旨願い出たが、許されなかった。それでも二十一日、幕府は二十三日に退京すると公布する。しかし二十二日夜、家茂に滞京の勅命が出て、翌日の出発は中止となった（『維新史料綱要・四』昭和十二年）。

家茂が攘夷期限を決めぬまま江戸へ帰るなら、暗殺すると言い出したのは長州の激派である。直接の史料はほとんど残っていないが、堀真五郎や田中光顕など複数の関係者が後年回顧している。それらによると高杉晋作や久坂玄瑞により、何度か暗殺が企てられたようだ。京都の長州藩邸では暗殺が実行されたと早合点した重役の周布政之助（麻田公輔《あさだこうすけ》）が、幕兵襲来に備えて兵器や食料の準備を進めていたと、堀が『伝家録』（大正四年）中で述べている。

土佐勤王党幹部の平井収二郎は、土佐から上京してきたばかりの田中光顕らを玄瑞に紹介し、家茂暗殺計画に参加させたという。岡田以蔵は勅使護衛を終えて京都に帰ったころから武市との関係がなぜか悪化し、出奔していたから（慶応元年〔一八六五〕閏五月十一日、土佐で斬首）、土佐としても新しいテロリストを養成する必要があった。その胸中を田中は後年浪花節《なにわぶし》調で次のように語る。

「しかし、若《も》し、強ひて将軍が東帰を断行することになつたら、万延元年（一八六〇）三月三日の桜田異変の如き騒動を惹起《ひきおこ》すことになつたかもしれない。折柄、京洛は春。満城の花、一時に開いて、風なきにハラ〳〵と散るころほひである。一死報国、これ以外には胸中何物もなかつた」（『維新風雲回顧録』）

長州は特に土佐が京都で派手に暗殺で名を馳《は》せていることに対し、焦りを募らせていたのかもしれない。晋作や玄瑞の師吉田松陰がかつて老中間部暗殺を企んだのも、先に水戸や薩摩に大老井伊暗殺を実行されたら、長州の面目が潰れるとの功名心があったからだ。

家茂はこのとき東帰せず、四月二十日には攘夷期限を「五月十日」と上奏したため、長州による暗殺は不発に終わる。実行されていたら、幕末長州は水戸や土佐と並ぶ血なまぐさいイメージで語り継がれていただろう。長州藩は五月十日以降、関門海峡を通航する外国艦を馬関《ばかん》（下関）の砲台から次々と砲撃して、挙藩体制の大規模な攘夷テロへと移行してゆく。

残酷絵が大流行

京都の民衆は島田左近以来、「天誅」の梟首があると、我先にと見物に詰めかけたことはいくつかの史料からも明らかである。さらに血まみれの生首は、絵師たちにとり格好の画題となった。ニュース性もあった梟首の残酷絵（無残絵）は幕末の不安な世相や荒《すさ》んだ人心を背景として描かれ、広まった。

残酷絵はよほど需要があったようで、公共機関だけでなく個人所蔵まで含めるとかなりの点数が現存する。描かれて百数十年を経ているはずだが、古書店目録やインターネットオークションでもたびたびお目にかかる。これだけ散在していたら、全貌《ぜんぼう》を把握するのは困難だろうし、事実そのような研究には、お目にかかったことがない。

実際起こった事件が題材だから、出版は望めない。繰り返し写され、伝播《でんぱ》した。同じ梟首でも絵によって血痕《けっこん》の形やさらし方が違っていたりする。たとえば前章で見た多田帯刀の首も木の枝に吊《つる》されている絵があれば、高札や竹の杭に括り付けられているものもある。必ずしもオリジナルが正確に写されたのではなく、最初から想像で描かれた絵もあったようだ。

これらの残酷絵は今日、さまざまな出版物に紹介されているから、容易に見ることができる。『武市瑞山関係文書・一』（大正五年）には、本間精一郎と石部宿の三名の梟首の絵が収められている。もっとも多数の図版を紹介している出版物は菊地明『幕末天誅斬奸録』で、東京大学史料編纂所蔵『文久新聞志』『野分のあと』『文久年間暗殺図録』『京師浪花珍変記』『寒胆帖』『天の眼』『みやこのにしき』『志士暗殺雑記』『浪のさわぎ』『風説都之錦』、国立国会図書館蔵『風聞集』『維新前後誌料』、井上源三郎《いのうえげんざぶろう》資料館蔵『京都大逆賊首晒表札之写』などから引用しているが、図版を並べるだけで書誌学的な考察はない。

残酷絵は慶応年間（一八六五～六八）に入ると、浮世絵の題材となってゆく。慶応二年から三年にかけて歌川国芳《うたがわくによし》門下の落合芳幾《おちあいよしいく》と月岡芳年《つきおかよしとし》により描かれた、主に芝居の場面をもとにした「英名二十八衆句」シリーズが始まりだろう。

芳年は明治元年（一八六八）の彰義隊《しょうぎたい》の戦いの後、上野山《うえのやま》の戦場に赴き、散乱する死体をスケッチして歩いたという。その成果が芳年の代表作「魁題百撰相《かいだいひゃくせんそう》」六十五葉である。画題から見ると戦国を中心とした日本史上の人物を取り上げているが、これは検閲を逃れるためで、実際は戊辰《ぼしん》戦争の血みどろの兵士たちを描いた浮世絵だった。

清河八郎暗殺

文久三年（一八六三）四月十三日夕、江戸麻布一ノ橋（赤羽橋《あかばねばし》）のそばで清河八郎《きよかわはちろう》が暗殺された。享年三十四。

清河は出羽国《でわのくに》庄内《しょうない》田川郡《たがわぐん》清川村《きよかわむら》（現在の山形県東田川郡《ひがしたがわぐん》庄内町《しょうないまち》）の郷士の家に生まれた。もとの名を、斎藤元司《さいとうもとじ》という。江戸遊学で文武の道を究め、諸国をめぐり見聞を広めて同志と交わるなど、在野の急進的な尊攘派として知られた。幕府の山岡鉄太郎《やまおかてつたろう》（鉄舟《てっしゅう》）、筑前の平野国臣《ひらのくにおみ》、筑後《ちくご》の真木和泉、土佐の間崎哲馬《まさきてつま》、但馬《たじま》の田中河内介などその人脈は多士済々《たしせいせい》である。

尊王攘夷を叫ぶ浪士の取り締まりに手を焼いた幕府は、清河らの働きかけもあり、浪士の組織化を計画する。こうして文久二年十一月、松平主税介《ちからのすけ》（のち鵜殿鳩翁《うどのきゅうおう》に替わる）が浪士取扱となり、協力者の清河らは浪士募集に走り回った。同志の中には清河が、幕府側に寝返ったと見た者もいたという。

清河八郎

浪士組の当座の任務として、上洛する将軍徳川家茂の列外護衛が決まる。文久三年二月四日、小石川の伝通院《でんづういん》に集まった三百五十名の浪士は八日出発し、中山道《なかせんどう》を進んで二十三日、京都洛外《らくがい》壬生《みぶ》村に到着した。

ところが清河は、自分たちは幕府の世話で上京したが、実は天皇のために働きたいとの希望を述べた上奏文を、腹心数名に学習院（朝廷の応接所になっていた）まで届けさせた。こうして二十九日、浪士組に勅諚《ちょくじょう》が下る。それにはすみやかに攘夷を実行し、天皇を安心させよとあった。清河は幕府の頭上を飛び越し、浪士組と朝廷を直結させたのである。

つづいて三月三日、関白鷹司輔煕から浪士組の奉行鵜殿鳩翁と取扱山岡鉄太郎に、沙汰《さた》が出た。前年八月に起こった生麦事件の賠償をめぐり、イギリス軍艦が横浜へ渡来して交渉するが、戦争になるかもしれぬから浪士組をすみやかに東下させよというのだ。攘夷のために働けるからと、清河は浪士組を引き連れて江戸へ帰ることを決めた。

ところが浪士組中の近藤勇・芹沢鴨ら十数名は異議を唱え、京都に残留する。近藤らは浪士組と朝廷が直結することには批判的で、朝廷・幕府の結びつきの強化こそが国内の安定につながると考えた。近藤らは後日京都守護職松平容保の預かりとなり、新撰組が誕生する。

さて、清河らは江戸に戻ったものの、幕府がイギリスへ賠償金を支払うとの噂があり、戦争が始まる気配はない。そこで浪士組は横浜の外国人居留地を襲撃し、黒船を焼き払って叡慮の攘夷を実行しようと、豪商たちから強引に軍資金を徴収して準備を進めた。

決行は四月十五日に決まったが、それを知った幕府側は見逃すわけにはいかない。しかし勅を受けて活動する清河に、表立っては手が出せない。清河は千葉周作《ちばしゅうさく》に師事した北辰一《ほくしんいっ》刀流《とうりゅう》の遣い手でもある。そこで老中板倉勝静《いたくらかつきよ》は刺客を選び、清河密殺を企む。

四月十三日、清河は同志金子与三郎《かねこよさぶろう》に招かれ、ひとりで麻布の上山《かみのやま》藩邸に赴く。そこで酒肴を振る舞われ、午後四時ころ退出した。古川《ふるかわ》に架かる麻布一ノ橋を赤羽側に渡ったところで、刺客数名が待ち構えていた。清河は前から声をかけられ、挨拶《あいさつ》のため陣笠《じんがさ》を脱ごうとした刹那《せつな》、背後から、つづいて前から斬られて絶命した。鉄扇を握っていたため、即座に刀が抜けなかったという。その首は山岡ら同志が奪い、後日伝通院の墓地に埋めた。

刺客は佐々木只三郎《ささきただざぶろう》・速見又四郎《はやみまたしろう》・高久安次郎・広瀬六兵衛・永井寅之助・依田鉄太郎（雄太郎）の六名、あるいは七名との説もある。いずれも講武所《こうぶしょ》（幕府の士官学校）の武道師範などを務める剣客だった（成沢米三《なるさわよねぞう》『明治維新に火をつけた男　清河八郎』昭和五十一年）。斬奸状などはない。政治化する天皇の権威を利用した清河は幕府権力を翻弄《ほんろう》したすえ、抹殺されたのである。

なお、灰色だった清河の評価は明治二十四年（一八九一）に靖国合祀され、同四十一年に正四位が追贈されることで、一応定まったといえよう。東北出身の数少ない「志士」であり、昭和八年（一九三三）には清河を祭神とする清河神社が郷里に建てられた。

姉小路公知暗殺

開国問題以来、朝廷の政治的発言力は日増しに強くなったが、その中心のひとりが姉小路公知である。三条実美とともに攘夷公卿として知られ、長州藩などとも通じていた。

ところが文久三年（一八六三）五月二十日夜、朝議に出席後、御所から退出した姉小路は朔平門外《さくへいもんがい》の猿《さる》ケ辻《つじ》で突然刺客に襲われて重傷を負い、自宅にかつぎ込まれて絶命する。享年二十五。公家に向けられた初めてのテロの刃であり、衝撃的な事件だった。幕府の軍艦奉《ぐんかんぶ》行並《ぎょうなみ》で、神戸に海軍を設立するため奔走していた勝海舟（麟太郎《りんたろう》）は翌日の日記（『勝海舟全集・一』昭和五十一年）に、次のように記す。

「聞く、昨夜四ツ時（十時）、姉小路殿退朝の折、御築地《おついじ》の辺にて、何者とらむ、刃を振ふて胸間をさして逐《ちく》でんすと云ふ。此の人朝臣中の人物にて、大いに人望ありしが、何等《なんら》の怨《うら》みにやよりけん、此の災害に逢《あ》はれし。小子輩此の卿に附《つ》きて、海軍興起より、護国の愚策、奏聞を経て、既に御沙汰に及びしもの少なからざりしに、実に国家の大禍を致せり。歎息《たんそく》愁傷に堪へず」

実は前月二十五日、海舟は姉小路に摂海《せっかい》（大阪湾）防御を説明し、さらには幕艦順動丸《じゅんどうまる》に乗せて現地を案内したばかりだった。

孝明天皇が開国を恐れた理由のひとつは摂海防御が不十分なまま、幕府が兵庫開港を行おうとしたからである。だから海舟は姉小路に海軍で防御するとの計画を示し、天皇の理解をも得ようとした。そして海舟から説明を受けた姉小路も、態度を軟化させていた矢先の暗殺事件だった。海舟が日記に無念の思いを書き連ねているのは、そのためだ。

京都御所の猿ケ辻

また、姉小路は唐津《からつ》藩世子で幕府老中格の小笠原長行《おがさわらながみち》とも通じていた節がある。小笠原は京都にとどめられた将軍家茂を奪い返すため、船五隻に歩兵・騎兵合わせて一千六百の幕府軍勢を載せ、五月十三日、大坂に現れた。小笠原は急進的な尊攘派を武力で蹴《け》散らす覚悟で京都を目指し、六月四日、淀《よど》まで進んだが、家茂の中止を求める親書が届いて計画は頓挫《とんざ》する。

大坂に上陸したさい、小笠原は姉小路の死を知り、嘆いたという。後日には「其の際、公卿の中にも内応する人ありしかば、斯《か》くは上京せしも、其の人不虞《ふぐ》の禍害を蒙《こうむ》りたれば蹉跌《さてつ》せしなり」とも語った（渋沢栄一《しぶさわえいいち》『徳川慶喜公伝・二』大正七年)。この言を信じるなら、海舟の影響で幕府に傾いていた姉小路が、小笠原の京都入りを受けて朝廷内で何か変化を起こそうとした可能性は考えられる。

国是を分裂させたい勢力は、それが開国寄りで統一されようとするたび、テロにより邪魔をした。七月二十七日には「公武一和」のため挙藩上洛を計画していた越前藩前藩主松平春嶽の宿舎に予定されていた高台寺《こうだいじ》が放火された。八月初旬、三条大橋には春嶽の京都入りを許さないとする脅迫じみた張り札が掲げられたりもした。結局上洛は頓挫することになる(三上一夫『幕末維新と松平春嶽』平成十六年)。

田中新兵衛の自殺

姉小路公知暗殺の現場には、犯人のものと見られる木履《ぼくり》と刀が遺棄されていた。その刀は「奥和泉守忠重」の銘があり、薩摩拵《ごしら》えだった。これを見た土佐の那須信吾は、薩摩の田中新兵衛の刀だと証言したという。

これがきっかけとなり、武家伝奏《てんそう》の命を受けた会津藩兵は文久三年(一八六三)五月二十六日、東洞院《ひがしのとういん》蛸薬師の寓居に田中を急襲し、捕縛した。

つづいて田中は町奉行所に拘留されたが、隙《すき》を見て自殺してしまう。その状況は町奉行永《なが》井尚志《いなおゆき》から守護職へ、次のように報告されている。

「主水《もんど》（永井尚志）御役所に相控え置かれ候中、今暮時分、自分帯びおり候脇差《わきざし》を以て、腹並びに首筋等疵付け候につき、番の者ども右脇差奪い取り、早速医師呼び寄せ、疵口縫わせ療治致し候へども、深手にて療生相叶わず、相果て申し候」

田中を自殺させてしまった責任を問われた永井とその配下は、閉門や謹慎に処された。容疑者が取り調べ前に死んだので、事件の真相は闇に葬られてしまう。

後年になり、田中は犯人ではなく、刀を盗まれたことを恥じて自殺したのだと友人の吉田嘿《しずか》は語った。あるいは東久世《ひがしくぜ》通禧《みちとみ》は姉小路の政敵大原重徳の関与があるのではないかと疑った（『維新暗殺秘録』）。いずれにせよ、示現流の達人で暗殺のベテランだった田中が、現場に刀を残して去るなど不自然なことだ。

田中の遺骸は東山東福寺《ひがしやまとうふくじ》の薩摩墓地に埋葬され、正面に「田中雄平墓」、右側面に「薩州行年三十二歳」と刻む墓碑が現存するから、同郷人からは悼まれていた様子がうかがえる。もっとも、維新後は靖国合祀も追贈もなかった。

ただ、田中のせいで嫌疑をかけられた薩摩藩が、窮地に立たされたことは間違いない。乾御門《いぬいごもん》の警衛を解かれ、御所九門への立ち入りも禁止されてしまった。

薩摩が政局から退場したことで、三条実美ら攘夷公卿や長州藩などの急進的な尊攘派勢力は、天皇権威を楯《たて》にますます増長する。焦燥した薩摩は長州の追い落としを企て、八月十八日の政変へとつながってゆく。

中島名左衛門暗殺

追い詰められた将軍徳川家茂は文久三年（一八六三）四月二十日、攘夷期限を「五月十日」にすると上奏させられた。長州の久坂玄瑞らは浪士を引き連れて帰国し、本州最西端の下関（馬関・赤間関《あかまがせき》）に布陣して、五月十日には関門海峡を通航するアメリカ艦、二十三日にはフランス艦、二十六日にはオランダ艦を次々と砲撃した。長州藩主毛利慶親は攘夷実行をただちに朝廷に報告し、朝廷は褒勅使《ほうちょくし》の正親町公董《おおぎまちきんただ》を下向させる。

浪士たちが気炎を上げる中、二十九日夜、西洋砲術家の中島名左衛門《なかじまなざえもん》が宿所である下関《しものせき》新地《しんち》の藤屋で、暗殺された。享年四十七。肥前南高来郡守山村《みなみたかきもりやま》（現在の長崎県雲仙市《うんぜん》）の庄屋の家に生まれ、長崎で高島秋帆《たかしましゅうはん》やオランダ人から西洋砲術を学んだ中島は、攘夷を実行する長州藩に顧問として招かれていた。このころ、長州藩は高名な儒者や西洋学者を積極的に抱えようとしている。藤森弘庵《ふじもりこうあん》や佐久間象山《さくましょうざん》は獲得できなかったが、加藤有隣《かとうゆうりん》（常陸笠《かさ》

中島名左衛門墓（下関市妙蓮寺）

間《ま》の儒者）や中島を招くことには成功した。

『防長回天史・四』によればこの日、藩主世子毛利定広《さだひろ》（元徳《もとのり》）による下関防備の巡検が行われた後、軍議が開かれた。その席で浪士や長州藩士松島剛蔵らは、三度にわたる外国艦撃退に気をよくして「洋夷与《くみ》し易し」と主張する。だが、不十分な防備を見てきたばかりの中島は「西洋兵器の精巧なる戦術の進歩せる軍紀の森厳なる邦人の及ぶ所に非《あら》ず」と、その無謀を戒めた。

激論のすえ、藩官僚の山田宇右衛門《やまだうえもん》・宍戸九郎兵衛・杉《すぎ》徳輔《とくすけ》（孫七郎《まごしちろう》）らが中島説に賛同し、これを山口の藩主に伝えた後に実施することが決まる。杉などはすでに五月二十四日、久坂玄瑞あての手紙で、外国艦の報復に用心を促し、いずれ世子に従い「諸先生方」が来るので、その意見を「何分御謁聴《えっちょう》成され、海岸御備具《びぐ》届き候様、祈り奉り候」と諭していた（『久坂玄瑞史料』）。官僚は自分たちが逆恨みされぬよう、中島ひとりに正論をいわせて軍議をまとめる。

案の定、理屈の通らぬ浪士の恨みは中島に集中した。その日、中島は義兄山本秋村《やまもとしゅうそん》に手紙を書き、苦衷を訴えている（中島倭文雄『中島名左衛門伝』明治三十八年）。

「有志の士と称し候者の言と行との一件については、愚昧《ぐまい》には候へども、臍落致し難き事多くござ候へども、論弁致し候へば、俗論とか因循とか名を付け殺害致し候間、一命をつまらぬことに捨て候も惜しくと存じ、差し控へ候事もござ候」

そしてこの後、中島は訪ねて来た浪士三名に暗殺された。検証は「首に径六寸許《ばかり》の重傷一ヶ所、脊《せ》に突疵三ヶ所、腹に左右二ヶ所の深疵《ふかきず》あり、右指五本皆な落ち、左指亦殺《またそ》がる」（『防長回天史・四』）とある。刺客の振りかざす刀を素手で握り、指が落ちたらしい。遺骸は門人郡司千左衛門《ぐんじせんざえもん》が引き取り、藩費で宿の近くの妙蓮寺《みょうれんじ》に埋葬した（墓碑が現存）。また、嗣子には藩から終生三人扶持金十五両が給されることになったが、刺客は不明のままだった。明治三十五年（一九〇二）十一月、正五位を贈られたが、靖国神社には合祀されなかった。

中根市之丞暗殺

中島名左衛門の杞憂《きゆう》は、間もなく現実のものとなる。文久三年（一八六三）六月一日にはアメリカ軍艦が、五日にはフランス軍艦が下関を報復砲撃し、長州藩は大打撃を受けた。攻から守へと方針転換を余儀なくされ、藩主父子から下関防御の立て直しを命じられた高杉晋作は浪士を再編し、奇兵隊《きへいたい》を結成する。

外国艦砲撃のさい、関門海峡の対岸に位置する小倉《こくら》藩は幕府から具体的な指令がないため、長州藩の協力要請には応じなかった。そこで奇兵隊は海峡を渡り、小倉藩領田《た》ノ浦《うら》を占拠して砲台を築く。さらには西下してきた勅使に、小倉征討の勅を出すよう求めた。一方、小倉藩は江戸に使者を送り、長州の無法を幕府に訴える。幕府としても外国艦襲来の場合は打ち払えと布告しただけで、問答無用で攻撃せよとは命じていない。そこで老中水野忠精《みずのただきよ》らは長州に詰問使の派遣を決め、七月十一日、直参旗本（六千石）の中根市之丞《なかねいちのじょう》に使番《つかいばん》を命じた。

中根を乗せた幕艦朝陽丸《ちょうようまる》（オランダ製、六二五トン余）が関門海峡に入ってきたのは七月二十五日早朝である。ところが、すでに長州藩の「無二念打払」は孝明天皇に認められていた。このため奇兵隊は攘夷を実行しない幕府に咎《とが》められる筋合いはないと、憤慨する。抜刀して朝陽丸に乗り込み、攘夷に使うのだとの理由で乗っ取ってしまった。このため船内に潜んでいた、小倉藩の使者河野四郎・大八木三郎左衛門《おおやぎさぶろうざえもん》は自決してしまう。

来意を尋ねられた中根は、将軍の親書を持参したと述べた。そこで藩主名代として世子毛利定広が応対したが、それは将軍親書ではなく、老中からの問罪書だった。それでも長州藩の官僚は中根を饗応し、攘夷は勅によるとの答弁書を与え、さらに江戸で詳細に具申するとした。ところが八月十九日夜、周防小郡《すおうおごおり》（現在の山口市）の旅宿三原屋に宿泊中の中根の一行は、数名の刺客に襲われる。たまたま中根は用便に立っていたため無事で、部屋にいた目付鈴木《すずき》八五郎《はちごろう》と従者千原栄《ちはらさかえ》・長谷川勇助《はせがわゆうすけ》の三名が殺された。

こうなると、中根としては一刻も早く江戸へ帰りたいところだが、藩が命じても奇兵隊は朝陽丸を返還しようとしない。そこで中根は藩が用意した小船で周防中《なか》ノ関《せき》（現在の防府《ほうふ》市）まで行き、便船を待つことになった。ところが二十二日早朝、船で追ってきた刺客に、海上で殺されてしまう。

刺客は石川小五郎《いしかわこごろう》（河瀬真孝《かわせまさたか》。のち英国留学し、明治天皇侍従長、貴族院議員など）・有馬彦七（諸隊脱隊騒動に関わり明治三年〔一八七〇〕自決）・児玉百助《こだまひゃくすけ》の三名、さらに藤村幾之助《ふじむらいくのすけ》を加えた四名ともいう。刺客はただちに出奔した（岡崎鎮生《おかざきしずお》『文久三年八月　幕吏中根市之丞暗殺一件』平成二十四年）。

いくら褒勅を得ていたとはいえ、幕使暗殺など従来ならば信じ難い暴挙で、幕府の面目は丸潰れとなった。だが、このような過激一辺倒のやり方をもっとも危険視し嫌悪していたのは、皮肉にも天皇だった。その結果八月十八日の政変が起こり、長州など急進的な尊攘派勢力は京都政局から追放されてしまう。元治元年（一八六四）一月二十七日、天皇は将軍家茂らに発した宸翰《しんかん》（天皇直筆の手紙）の中で、

「長門宰相《ながと》（長州藩主）の暴臣のごときその主を愚弄《ぐろう》し、ゆえなき夷船を砲撃し、幕使（中根）を暗殺し」

云々と激しく非難する。一部の家臣が藩主を振り回して攘夷を行ったのだという。幕使暗殺はのちには長州征討の理由のひとつにもなった。半世紀後の大正三年（一九一四）九月、小郡に「三原屋殉難士之墓」を建てたのが徳川・毛利両公爵家であるのを見ても、事件をめぐる複雑な感情が意外と永く尾を引いていたことをうかがわせる。

五條代官所襲撃

文久三年（一八六三）八月十三日、大和行幸の詔が発せられた。幕府が攘夷を行わないなら、孝明天皇自身が戦いの指揮を執る親征の実現に期待が高まる。その先鋒になろうとしたのが、十九歳の攘夷公卿中山忠光《なかやまただみつ》を首領とする「天誅組」である。総裁は土佐の吉村虎太郎、備前の藤本津之助《ふじもとつのすけ》（鉄石《てっせき》）、三河《みかわ》の松本《まつもと》謙三郎（奎堂《けいどう》）で、土佐や久留米の浪士ら三十八名が京都に集まった。十五日、大坂を発った天誅組は堺、河内《かわち》を経て目指す大和国宇智《うち》郡五條《ごじょう》

（現在の奈良県五條市）に入った。五條は交通の要衝である。五條代官所は大和五郡四百五村七千石余りを支配するが、警備はほとんど皆無に等しい。

天誅組は十七日夕、五條代官所を包囲し、空砲を放ち威嚇した。一行は天皇権威を振りかざし、代官所と支配の郷村を引き渡すよう代官鈴木源内《すずきげんない》に命じたが、当然ながら拒まれる。すると鈴木の首を刎《は》ね、さらに代官所に勤務する手付長谷《はせ》岱助《たいすけ》ら数名をその場で殺す。

天誅組は住民を脅して代官所を焼かせ、意気揚々と近くの桜井寺《さくらいじ》を本陣として「皇軍先鋒」「御政府」の看板を掲げる。本堂前の石の水盤には板を渡し、その上に代官ら五名の首を載せた。さらに代官や役人の家族を捕らえ、境内の閻魔堂《えんまどう》に閉じ込めた。突然テロルの洗礼を受けた五條の住民の恐怖の声が次のように残る。

「以前より色々合戦の事も承り候えども、夫《それ》は目に見ざる噂ばかり聞取り候のみ。此の度は眼前の事にこれ有る故、誠に恐ろしく、村中一同当惑驚き入り候事に候。前代未聞恐れ入り候」

ところが翌十八日、京都で政変が起こった。中川宮朝彦親王《なかがわのみやあさひこ》より孝明天皇の苦衷を知らされた薩摩が会津と手を結び、朝廷内のアンチ長州派などと通じて、急進的な尊攘派を追放したのだ。八月十八日の政変である。

これにより大和行幸は延期され、天誅組の計画は根幹から崩れたが、すでに行動を起こしていたため徹底抗戦の方針を固める。天誅組は勅を得てから挙兵したのではない。だから五條襲撃にも、何ら正式な天皇権威の後ろ盾があったわけではなかった。勤王の志あつい十津《とつ》川《かわ》（現在の奈良県吉野《よしの》郡）から援兵を得、高取城《たかとりじょう》を攻めるなど抵抗するも敗走を続け、九月二十四日、東吉野《ひがしよしの》村鷲家口《わしかぐち》で壊滅した。三総裁は戦死し、中山忠光は数名の供を連れて戦場を脱出して、大坂から海路長州に逃れる。

なお、無抵抗のまま殺された鈴木代官は年六十くらいで、領内の長寿者を表彰するなど住民から親しまれていたという。天誅組は鈴木を悪代官に仕立てあげようと、殺す理由を「人民を搾取したことも少なからず」などと述べるが、言いがかりだろう。現在も五條市本町《ほんまち》の極楽寺《ごくらくじ》に「真光院殿実誉相義居士」の法名を刻む鈴木のほか、同時に殺された四名の墓碑が寄り添うように並ぶ。

芹沢鴨暗殺

幕府が集めた浪士組から分派し、京都守護職松平容保配下に入った残留浪士組には水戸系の芹沢鴨と、天然理心流の剣士近藤勇をリーダーとするグループがあった。いずれも尊王攘夷の志の持ち主で、将軍家茂による攘夷実行を望んでいた。浪士たちが京都残留を願った文久三年（一八六三）三月十日の嘆願書（『会津藩庁記録・一』昭和七年）は、「天朝を御守護奉り候は勿論《もちろん》、幷《なら》びに大樹公《たいじゅこう》（将軍）御警衛、以て神州の穢れを清浄せんがため、御下向の後、勅に基づき攘夷つかまつり候、同志一統の宿願ござ候」とし、勅を奉じた家茂が江戸に帰って攘夷を実行するまで護衛したいという。また、江戸に帰った清河八郎らの浪士組が「直《す》ぐさま斬夷致し候儀に候えば大悦至極」とも述べており、神国思想の影響も感じさせる。

だが、外国と戦う機会などなかなかめぐってこない。そのうち八月十八日の政変で、壬生を本拠とする残留浪士組は会津藩から命を受け、御所の南門付近を警備したため、幕府から褒賞を受けた。以来「市中昼夜共見廻《みまわ》り」が正式な任務となり、「新撰組」が誕生する。これは尊王攘夷のために働きたいと望む浪士たちにとり、必ずしも本意ではなかった。

特に局長筆頭の芹沢鴨は、市街警備の任務に納得ができない。芹沢は水戸天狗党の流れを汲み、「神州の穢れを清浄」したいと願う神国思想の持ち主で、身内には水戸藩士もいる。天領多摩《たま》出身の剣士である近藤や土方歳三らの一派との間に不和、対立が生じたのは無理からぬところだった。

会津藩の処遇に不満を抱く芹沢は、有栖川宮《ありすがわのみや》家に接触する。九月十三日には十五名の同志とともに、有栖川宮家より警衛を命じてほしいと嘆願した（あさくらゆう『新選組を探る』平成二十六年）。市中より宮家の警衛ならば「尊王」のプライドも保てるし、何より天皇権威を楯にして、優位に立とうとしたのだろう。一緒に行った中には近藤の腹心ともいうべき土方歳三や沖田総司もいたから、これは党派を超えた新撰組の総意だったと見てもよい。

だが、看過できない会津藩は、芹沢密殺を企む。こうして九月十六日（異説あり）夜、屯所である壬生の八木家で、芹沢は同衾《どうきん》していた愛妾《あいしょう》、別室で寝ていた平山五郎《ひらやまごろう》とともに暗殺された。刺客は近藤グループの土方歳三・沖田総司・藤堂平助《とうどうへいすけ》らだったが、表向きは不明とされた。芹沢と近藤の対立を利用し、片方を抹殺したのだ。芹沢は泥酔しており、枕元の刀を抜くこともできずに殺されたようだ。これにより芹沢グループは壊滅し、後日近藤らが主となって芹沢・平山の神葬が行われている。表向きの死因は病死とされた。

芹沢鴨墓（京都市壬生寺）

後年編まれた会津藩側の記録である北原雅長《きたはらまさなが》『七年史・上』（明治三十七年）には芹沢・平山が「其の組の者に殺されけり。両人の我儘《わがまま》増長して法令に触るる事多きが為なりといへり。近藤勇頭取となる」とある。確かに芹沢は酒乱の癖があり、相撲取りと争ったり妓楼《ぎろう》で暴れるなど、素行の悪さが目立ったようだが、それだけが抹殺の真の理由ではあるまい。天皇権威を手に入れ、壬生浪士の主張を通そうとしたため、第二の清河八郎になるのを危惧《きぐ》した会津藩により葬り去られたのだ。

少し前のことになるが、土佐藩でも勤王党の平井収二郎・間崎哲馬・弘瀬健太が中川宮朝彦親王の手書を得、藩政を改革しようとして山内容堂を激怒させ、六月八日、切腹を命じられている。坂本龍馬《さかもとりょうま》も幕府が設けた神戸海軍操練所を、朝廷の直属にするよう画策していた。草莽《そうもう》の浪士と直結する可能性を持つ天皇権威は、封建秩序をも崩壊しかねない危険なカードであった。

近藤側を主人公にした「新撰組物語」は明治以降、演劇や映画・ドラマ、小説などで繰り返し描かれる。だが、その中で芹沢鴨は必ず徹底した悪役にさせられた。清河八郎と違って復権の動きも見られなかったようで、靖国合祀や追贈もなかった。

第四章　天皇権威の争奪戦

本章では、元治元年（一八六四）から慶応三年（一八六七）末までに起こった代表的な暗殺事件を見てゆく。この間二度にわたる長州征討が行われ、慶応三年十月の大政奉還、同年十二月の王政復古の大号令と続き、徳川幕府は消滅して天皇を頂点に戴《いただ》く新政権が誕生した。暗殺史上重要なのは慶応元年十月、幕府の求めに応じた孝明天皇が、日米修好通商条約をはじめとする開国の条約に勅許を与えたことであろう（兵庫開港を除く）。この瞬間から、攘夷実行を促すための暗殺は大義名分を失う。

すでに薩摩も長州も西洋相手の戦争を経て、力任せの攘夷は不可能であると悟っており、開国を是とする「維新」に向かって歩みはじめていた。一方、神国思想を拠《よ》りどころにしてきた「復古」は、天皇の路線変更により迷走を余儀なくされる。天皇を戴く統一国家を目指し、共闘してきたはずの「復古」と「維新」の間に大きな亀裂が生じ、その矛盾がテロを引き起こしたりした。

大谷仲之進暗殺

「奉勅攘夷」を振りかざす長州藩は、文久三年（一八六三）八月十八日の政変で京都政局から追放された。天皇権威を背景に暴走したが、天皇権威により駆逐されたのである。長州藩は弁明のため「奉勅始末」を使者に持たせ、朝廷に届けようとするが入京すら許されない。長州藩は薩摩と会津藩が仕組んだ陰謀と考え、憎悪の念を募らせる。

十二月二十四日、兵庫から長崎に向かう蒸気船長崎丸《ながさきまる》が関門海峡を通航中、長州下関の前田《まえだ》御茶屋《おちゃや》砲台から砲撃されるという事件が起こった。長崎丸は幕府の長崎製鉄所所有で、同年七月の薩英戦争で船舶を失った薩摩藩が借用していた。乗組員六十八名のうち二十八名が溺死《できし》するという惨事となり、薩摩藩は多くの操船技術者を失う。

長州藩主毛利慶親は下関戍兵《じゅへい》の軽挙を戒めるとともに、あくまで外国艦と勘違いした「誤射」であると、薩摩側に謝罪した。薩摩では報復を叫ぶ者も少なからずいたが、国父島津久光の意向により、謝罪を受け入れて穏便に済ませた。

ところが二カ月も経たない元治元年（一八六四）二月十二日、今度は周防別府浦《べふのうら》で薩摩藩御用商人の船加徳丸《かとくまる》が砲撃され、船主大谷仲之進《おおたになかのしん》が殺されるという事件が起こる。さすがに謝罪では済まされないと思ったのか、長州藩は問題のすり替えにかかった。大谷が攘夷の叡慮に違反し、密貿易を行っていたため天誅を下したと言い出したのだ。そうすれば薩摩藩の評判は落ち、一石二鳥である。

ただ、真犯人は不明だったから、長州の義勇隊《ぎゆうたい》士水井精一《みずいせいいち》と山本誠一郎《やまもとせいいちろう》に因果を含め、同月二十六日未明、大坂の南御堂《みなみみどう》門前（現在の大阪市中央区久太郎町《きゅうたろうまち》）で腹を切らせた。傍らには大谷の首が置かれ、薩摩藩の密貿易を暴露する斬奸状が掲げられた。死を迫られた水井・山本は大坂からいったん逃げ出そうとしたが、品川弥《しながわや》二郎《じろう》・野村和作《のむらわさく》（靖《やすし》）に連れ戻され、観念して死んだという。いずれも長州藩の下級武士だった。

切腹する山本と水井（『幕末天誅斬奸録』）

二名は「古今未曽有の大忠臣」などと喧伝《けんでん》され、自刃の地は信仰の対象にまでなった。世間では薩摩に対する非難、長州に対する同情の声が高まったが、その背後には京都で長州復権のため奔走する久坂玄瑞らの指示があったという（拙著『長州奇兵隊』平成十四年）。水井・山本とも明治になり贈位はなかったが、靖国神社には合祀された。

佐久間象山暗殺

信州の松代《まつしろ》藩に生まれた佐久間象山は最初儒者として頭角を現し、天保十年（一八三九）には江戸神田《かんだ》お玉《たま》が池《いけ》に塾を開いた。同十二年、藩主真田幸貫《さなだゆきつら》が幕府の海防掛老中になるや、顧問の象山は西洋事情を探るべく、江川太郎左衛門《えがわたろうざえもん》から西洋砲術を学ぶ。さらに原書を読みたいと、弘化元年（一八四四）六月には黒川良安《くろかわまさやす》を同居させて蘭学《らんがく》を学んだ。普通なら一年かかる和蘭陀《オランダ》の文典を二カ月で卒業したという。また、同年、藩に購入させたショメールの『百科辞典』をもとにガラス製造を試みたり、電気医療機や地震計を作るなど応用科学の実験にのめり込んだ。

嘉永三年（一八五〇）より江戸深川《ふかがわ》の松代藩邸で砲術講義を始めたが、このころになると象山の名は西洋砲術の大家として知られており、各地から入門者が相次ぐ。門人の中には勝海舟や吉田松陰、坂本龍馬などもいた。しかし安政元年（一八五四）三月、松陰のアメリカ密航未遂事件に連座し、四十四歳から五十二歳まで松代で蟄居生活を送ることになる。

儒教と洋学の両方を究めた象山は、今後日本の進むべき道は「東洋の道徳（儒教）、西洋の芸術（科学）」と考えた。象山は日本人を世界一優秀と見ていたが、外国に劣るのは科学がないからだとし、だからこそ国力強化のために開国が必要だと唱えた。

だが、叡慮が攘夷と定まるや、象山の持つ知識は外国勢力撃退のために必要とされる。象山を天下有用の人物と認める土佐や長州の藩主も尽力したから、文久二年（一八六二）十二月二十九日、蟄居赦免状が発せられた。

佐久間象山

こうして象山は、およそ九年ぶりに自由の身となったが、土佐・長州藩の招きには応じなかった。このとき松代を訪ねた長州の久坂玄瑞は象山から攘夷の不可、開国の必要を説かれた。久坂は象山の考え方は長州とは異なるが、その科学知識は欲しいと藩政府の周布政之助・来島《きじま》又兵衛《またべえ》に手紙で知らせている。もし長州に招かれていたら、先述の中島名左衛門のように正論を唱え、そのため過激な浪士に暗殺されていたかもしれない。

元治元年（一八六四）三月、幕府の求めに応じた象山は京都に上り、海陸御備向手付御雇となった。そして公武合体、開国進取を説き、一橋慶喜、皇族、公家の間を周旋した。ところが七月十一日午後五時ころ、洋鞍《ようぐら》を付けた馬に乗り、三条木屋町の宿に帰るところを数名の刺客に左右から斬りつけられ、深手を負って落馬し、横死した。享年五十四。

検証には「疵所は左の脇肋骨《わきろっこつ》を刀の突疵一ヶ所、深く肺を貫き、而《しか》して又背、首の付根より五、六寸を下り一刀を下し死を確むる為め切り付けたるもの也」とある。十三カ所斬られたが、馬が逃げて駆け抜けようとしたため後ろ疵が多かった。武士たる者が後ろ疵を負うとは、この上もない不覚だとして松代藩は十四日、改易を申し渡す（宮本仲《みやもとちゅう》『佐久間象山』昭和十五年増訂三刷）。

三条大橋に掲げられた「皇国忠義士」による斬奸状には、象山の「大罪」として開国を説いてまわったこと、天皇を彦根に遷《うつ》すよう画策したことを挙げる。

「禁門の変」一週間前の不穏な時期であり、象山が天皇を彦根に避難させようと提唱していたのは事実だ。これを知った長州激派が激怒し、暗殺したとの説が古くからある。黒幕は久坂、犯人は隠岐《おき》の松浦虎太郎《まつうらとらたろう》、肥後の河上彦斎《かわかみげんさい》ともいうが、確たるところは分からない。

長州側にすれば久坂が手紙で述べていたように、象山の知識が敵視する幕府側に利用されるのを危惧したのかもしれない。天王山《てんのうざん》に陣どっていた長州軍は象山暗殺の報に接するや「斬奸々々愉快々々」と叫んだと、品川弥二郎が後年回顧している（『佐久間象山』）。象山には明治二十二年（一八八九）、正四位が追贈された。

井上聞多暗殺未遂

元治元年（一八六四）七月十九日、長州藩は失地回復を目指し、京都で「禁門の変」を起こしたが、敗走する。来島又兵衛・久坂義助《よしすけ》（玄瑞）ら二百名ほどが戦死、自刃した。激怒した孝明天皇は長州藩主父子から官位を奪い、朝敵の烙印《らくいん》を押して幕府に長州征討を命じる。

八月になると関門海峡を封鎖され、貿易の不利益を蒙《こうむ》った英米仏蘭の四カ国連合艦隊十七隻が下関を砲撃した。激戦のすえ、近代火器の前に敗れた長州藩は今後、海峡の通航安全を保証し、砲台を破壊すると列強側に約束させられた。

さらに、勅を奉じた長州征伐軍（征長軍）が迫ったため、九月二十五日、長州藩は山口の政事堂で御前会議を開く。一門の毛利伊勢は無条件の恭順謝罪を唱えたが、井上聞多《ぶんた》（馨）

は武備恭順の藩是を確立し、幕府に自分たちの正義を説き、それでも攻めてくるならば抗戦すべきだと反論した。結局、藩主父子は井上の意見に傾き「予は即時武備恭順の国是に一定すべし、一同此の旨を心得よ」と裁定したという。

以上の会議の流れは井上の回顧談を基にした中原邦平『井上伯伝・三』(明治四十年)による。朝から夕まで行われた重要会議だが、管見の範囲では議事録や出席者名簿などは残されていない。もっとも『井上伯伝・三』には後述する児玉愛次郎《こだまあいじろう》の談話も掲載されており、それによると会議のさい、藩主は「聞多はをかしいことを言ふ」といったという。ならば、藩主と井上の考えは異なっていたことになる。

午後八時ころ、井上は政事堂を退出し、湯田高田村《ゆだたかだ》の自宅に帰ろうとした。ところが讃井町《さないまち》の袖解橋《そでときばし》の手前で数名の刺客に襲撃され、めった斬りにされる。それでも井上は身を翻して逃れ、見失った刺客たちは去った。近くの農家に助けを求めた井上は農夫らに担がれ、帰宅する。瀕死《ひんし》の重傷を負って虫の息だったが、手真似《てまね》で兄の五郎三郎《ごろうさぶろう》に介錯《かいしゃく》してくれるよう求めた。兄は大刀《たち》を引き抜くが、驚いた母親が止める。

駆けつけた美濃浪士で蘭医の所郁太郎《ところいくたろう》が畳針で六カ所の創口に縫合手術を施し、井上は一命をとりとめた。十一月下旬になると傷口はほとんど癒着し、室内を歩けるほどに回復する。後年明治政府の政治家となった井上は外務、内務、大蔵など諸大臣を歴任し、侯爵に列せられ、大正四年（一九一五）九月一日、八十一歳まで生きた。命の恩人ともいうべき所郁太郎は事件半年後の慶応元年（一八六五）三月十二日、腸チフスのため二十八歳で亡くなるから、皮肉なものだ。

井上不在の間、征長軍に対して恭順謝罪を唱える「俗論派」が、藩政を掌握する。藩主父子は山口から萩へ戻り、京都進発の責任者として三家老が切腹、四参謀が斬に処された。長州征討は不戦解兵に終わったが、長州の軍備は甚だ不十分で、征長軍に太刀打ちできるはずもない。強硬論を唱える井上を藩政の座から引きずり降ろしたことは、結果として藩の延命につながったといえよう。藩内戦のすえ「俗論派」が斥けられ、武備恭順の「待敵」が藩是となるのは慶応元年六月のことである。さらに水面下で薩摩と提携し、銃や軍艦を購入して軍政改革が進められた。こうして第二次長州征討を迎えるのである。

井上を襲った犯人の名は長らく不明だった。ところが明治半ば、児玉愛次郎が中井《なかい》栄次《えいじ》郎《ろう》・周布《すふ》藤吾《とうご》とともに襲ったと告白する。いずれも恭順論側の選鋒隊《せんぽうたい》士だった。児玉は維新後、宮内省に出仕して図書頭《ずしょのかみ》を務めるなどそれなりの栄達を遂げ、井上とも親交があった。真相を知った井上は「当時の事は互に政治上の意見を異にしたる結果にして、決して私怨に出《い》でたるにあらず。且つ数十年前の旧夢に属すれば、互に心に介すべからず」（『井上伯伝・三』）と語っている。もっとも井上は藩主も強硬論に同意したといい、児玉は藩主は同意しなかったから襲ったという。この食い違いは事件の一番の核心だろうが、検証されることなく、うやむやにされて「歴史」の闇に消えた。

井上馨遭難碑（山口市）

　井上が襲われた場所には大正六年（一九一七）九月、「世外《せがい》井上馨公遭難之地」と刻む巨碑が建てられ、戦前の小学校修身の教科書では「母の愛」の題で事件が美談化され、掲載された。

中山忠光暗殺

　天誅組挙兵で敗れた攘夷公卿の中山忠光は六名の供と虎口《ここう》を脱し、大坂の長州藩邸に潜伏した。つづいて、幕府の追及から逃れるため、海路長州藩を目指す。瀬戸内の三田尻《みたじり》（現在の山口県防府市）に上陸したのは文久三年（一八六三）十月五日だった。

亡命してきた忠光を、長州藩の宗家（本藩）は支藩の長府藩（毛利家五万石）に託す。長府藩は所領である豊浦郡《とようら》（現在の下関市）の各所に忠光を潜伏させた。延行村《のぶゆき》に半年ほど滞在したさい、忠光は下関の商家恩地《おんち》家の次女トミを側女とする。

元治元年（一八六四）七月の「禁門の変」で敗れた長州藩は朝敵となり、藩内では恭順ムードが高まった。幕府から追われる忠光は、長州にとりますます厄介な存在になる。

八月下旬、忠光は田耕村《たすき》に移された。連れていたトミは、忠光の子を宿していた。長府藩は十一月五日、七名の刺客を田耕村に送り込む。いずれも剣客の聞こえある者たちだった。長府藩幕府や長州藩から水面下で何らかの指示が出たものと思われるが、実はそのあたりは分かっていない。

そして八日夜、百姓大田新右衛門《おおたしんえもん》方に滞在する忠光を、庄屋の山田幸八《やまだこうはち》が騙して誘い出し、山中に導く。このとき忠光は身に寸鉄も帯びていなかった。提灯《ちょうちん》を持っていた幸八の姿が突然消えるや、ひとりがこん棒で忠光の向こうずねを打ち払う。忠光は、干からびた田に転がり落ちた。つづいて数名の刺客が取り巻き、忠光に乗りかかって動きを封じ込め、ついに絞殺した。高貴の者で恐れ多いから、なるべく刃物を使わず殺すよう、あらかじめ協定していたという。十九年六ヵ月の短い生涯だった。

忠光の遺骸ははじめ、近くの夜打《ようち》が峠に埋められた。だが発覚を恐れ、掘り出して長持に詰めて日本海沿岸に沿い、下関方面に運ばれた。下関から、京都に送ろうとしたという。ところが安岡《やすおか》あたりで夜が明けそうになったため、人目を避けて近くの綾羅木《あやらぎ》の砂丘の松原の中にひそかに埋めた。

長府藩は忠光は延行村で病死したと公表し、田耕村などの関係者にも厳重な箝口令《かんこうれい》を布く。やがて長州藩是が武備恭順に転じるや、忠光の墓碑が建てられた。さらに慶応元年（一八六五）六月には墓碑が改修され、十一月には長府藩が傍らに祠《ほこら》を建立した。これが現在の中山神社の前身である。忠光は明治二十一年（一八八八）に靖国合祀、同三十一年に正四位が追贈された。

明治半ばころから関係者が重い口を開きはじめ、事件の真相が知られるようになる。忠光の姉中山慶子《よしこ》は、明治天皇の生母だった。勤王、尊王を唱える長州は保身のため、天皇の叔父を殺したことになる。それだけに、問題は大きかった。明治になり長府毛利家が男爵止まりだったのは、忠光暗殺が影響しているといわれる。

トミは慶応元年五月十日、女児を出産、仲子《なかこ》と名付けられた。仲子はのちに上京して中山家で育てられ、十九の年、嵯峨公勝《きんとう》（侯爵）に嫁ぐ。仲子の孫にあたる浩《ひろ》は昭和十二年（一九三七）、満州国皇帝《まんしゅうこく》溥儀《ふぎ》の弟溥傑《ふけつ》と「日満親善」の象徴として政略結婚させられ、のちに「流転の王妃」と呼ばれた。その長女が愛新覚羅慧生《あいしんかくらえいせい》で、学習院大学生だった昭和三十二年十二月、同級生の大久保《おおくぼ》武道《たけみち》とともに自殺体で発見され、「天城山《あまぎさん》心中」と騒がれることになる。

鎌倉異人斬り

西日本が長州征討で騒がしい元治元年（一八六四）十月二十二日、東日本で異人斬り事件が勃発した。この日午後二時ころ、横浜に駐留するイギリス陸軍のボードウィン少佐とバード中尉が鎌倉見物中、鶴岡八幡宮大門先の街道で何者かに惨殺されたのだ。鎌倉は横浜居留地の外国人に許可された遊歩区域だった。馬に乗っていた二名は背後から襲われたようで、ずたずたに斬られていた。

たまたま現場近くを通りかかった兼吉という十一歳の少年の証言によれば、刺客は二名という。二名とも刀を差し、下駄《げた》を履き、民家の前に腰を下ろしていた。ひとりは笠《かさ》を持っていた。少年を見ると「ここにいては危ないから早く行け」といった。そして大仏の方向から、ゆっくりと後先になって馬を走らせてきた二名の外国人を襲った。

「私は口もきけない位こわかったです……最初の外国人を二人の侍が、一方から襲ったのです。一人が突いてかかり、一人が斬りつけたので、その外国人は馬から落ちました。私は最初の外国人のやられるのを見ただけですが、怖《おそ》ろしい叫び声でした……私はあんまり怖ろしかったので、二日の間飯がのどを通りませんでした」(岡田章雄《おかだあきお》『鎌倉英人殺害一件』昭和五十二年)

事件翌日イギリス公使オールコックは幕府に抗議書を突き付け、その責任を糾弾し、特に犯人逮捕を強く求めた。

「われわれ外国人を満足させる処置は、この卑劣なる加害者をひっ捕らえて断罪することである。したがって大君政府は、外国人の生命の安全確保に尽くし、誠意を持って犯人の追捕と取り調べに当たって欲しい。まずは政府の治安維持のためにも。すみやかに犯人を逮捕することが切要である」(宮永孝『幕末異人殺傷録』)

本書でも見てきたように、開国以来起こった外国人に対するテロ事件は、犯人不明で終わったケースが実に多い。これだけ念を押されては、幕府も必死にならざるをえなかっただろう。

事件から十日後の十一月三日、相州高座郡羽鳥村《そうしゅうこうざぐんはとりむら》（現在の神奈川県藤沢市《ふじさわし》）の名主八郎右衛門《はちろうえもん》宅に押し入り、攘夷の軍資金として百五十両を強盗した三名のうち、蒲池源八《かまちげんぱち》・稲葉丑次郎《いなばうしじろう》が捕らえられた。いずれも浪人と自称するが、肥後生まれの無宿である。二名の自白によると強盗の主犯は清水清次《しみずきよつぐ》というもうひとりの浪人で、かれこそが実は鎌倉異人斬りの犯人のひとりでもあるという。

幕府は十一月十八日、横浜戸部の刑場において、源八・丑次郎を外国公使、居留地や英国陸軍関係者の眼前で斬首した。見せしめの処刑は、オールコックの希望を容《い》れたものだった。二名が鎌倉の事件に関与していたかは定かではない。ともかく処刑を急いだのは、オールコックの本国召還予定が二十六日に迫っていたからである。『イラストレイテッド・ロンドン・ニュース』では「日本がわれわれとの交際を開いて以来、外国人に対してなされた悪事の後に現地人が処刑されたのは、これが初めてである」（金井圓《かないまどか》訳『描かれた幕末維新』昭和四十八年）とする。体面を取り繕う必要からだろうが、かえってイギリス側からは拙速であるとの非難の声が出たりもした。

かんじんの清水は二名の処刑の翌日、十一月十九日に江戸近郊の千住の妓楼で捕らえられた。「近来外夷が追々跋扈《ばっこ》して皇国の地が汚されていく」のを見かね、事件を起こしたと自

横浜・戸部での処刑（金井圓編訳『描かれた幕末明治』）

白したので二十九日、戸部の牢屋敷《ろうやしき》に送られ、翌三十日、市中引廻しのうえ、戸部の刑場で打首獄門に処された。首は横浜北口の吉田橋《よしだばし》の空き地にさらされた。享年二十五。

清水の自白によると、共犯者は常陸生まれの高橋藤次郎《たかはしとうじろう》（藤十郎とも）で、事件の直前に知り合ったという。だが、高橋藤次郎という人物はそもそも実在していなかった。

実は共犯は間宮一《まみやはじめ》という十八歳の少年で、慶応元年（一八六五）九月、江戸で捕まった。間宮は武州の一向宗《いっこうしゅう》寺院の三男である。還《げん》俗《ぞく》して武士になりたいと、鎌倉の浪人平尾桃《ひらおとう》巌斎《げんさい》の養子になったりしたが、「外国人が増長して日本人を軽蔑《けいべつ》する様子」を見て立腹し、同志の清水とともに事件に及んだと自白した。

九月十日、横浜居留地を引廻された後、戸部の刑場で斬られ、首はやはり吉田橋のたもとにさらされた（『鎌倉英人殺害一件』）。

清水清次は真犯人か

鎌倉異人斬りは犯人の逮捕、処刑で一件落着となり、幕府もなんとか面目を保つことができた。ところが、真犯人は清水清次ではなかったとの話が出てくる。幕臣出身の青木弥太郎《あおきやたろう》は明治半ば、知り合いで姫路藩の井田進之助《いだしんのすけ》と平尾桃巌斎の息子が真犯人だったと、語り残す（綿谷雪《わたたにきよし》編『幕末明治実歴譚《たん》』昭和四十六年）。桃巌斎の息子とは間宮一のことである。

井田らは深川の豚置場で一頭百両もする豚を三十頭斬るなどの事件を起こして逃げる途中、鎌倉で「西洋人」を斬ったという。

「それはまったく井田と桃巌斎の息子が斬ったのですけれども、水戸浪士の清水清次というものが、私が西洋人を斬りましたといって出て、横浜市中引きまわしの上、獄門の刑に処せられました」

と、青木は語る。それから井田と間宮は鎌倉の某寺に逃げ込み、住持に事情を話して匿ってもらった。ところが寺の本妻と喧嘩して追い出された妾が、横浜に行って暴露したため二名

左より鳶の小亀、間宮一、清水清次の墓（横浜市願成寺）

とも捕らえられ、殺されたという。青木は清水が罪をかぶった理由を、こう述べる。

「清水は何か賊を働いて江戸におられないで、逃げて行く途中、井田に会って西洋人を斬ったということを聞いて、どうせない生命だから自分が西洋人を斬ったことにして、自訴に及んだのでございます」

　青木は清水を「水戸浪士」というが、本人の供述では遠州《えんしゅう》金谷《かなや》の生まれとある。ただ、当初から言葉のアクセントによって、清水が「常陸か水戸の地方の者らしい」と見ていたイギリスの通訳がいた。だが、イギリスは「水戸の浪人」に対し極度に神経を尖《とが》らせていたから、当局が事実を隠蔽した可能性も指摘されている。

　以後、鎌倉異人斬り事件は虚実入り交じって喧伝されてゆく。間宮が渋沢栄一らと居留地焼討ちを計画したとか、イギリス軍士官が鶴岡八幡宮で無礼の乱行に及んでいたとか、清水らが「強盗殺人の罪で首を斬られるよりか、攘夷の義士と名乗り名を後世にのこさう」と罪をかぶったとか、真犯人のひとりという大東義観が後年彰義隊に加わり戦死したとか、いろいろと語られた（中里機庵『幕末開港　綿羊娘情史』）。

さまざまな伝説が生まれたのは、幕府がイギリスに急《せ》き立てられ、十分な審理も経ぬまま犯人を決めつけて処刑したからである。この時期イギリスは薩長を評価し、肩入れするようになっていた。幕府としてはこれ以上、信頼を失いたくなかったのだろう。

清水清次と間宮一の墓は願成寺《がんじょうじ》（横浜市西《にし》区西戸《にしと》部町《べちょう》）の裏山の墓地に建てられた。同所には横暴なフランス水兵を横浜で殺し、慶応二年（一八六六）二月に処刑された鳶《とび》の小亀《こがめ》の墓も並ぶ。明治以後、靖国合祀も追贈もなかったが、その墓碑はなかなか立派なもので、現在も参る者が少なからずいることをうかがわせる。処刑場跡は、近くの「くらやみ坂」上方の空き地あたりだという。

権現原暗殺事件

長州藩が恭順謝罪したため、元治元年（一八六四）暮れになると征長軍は諸藩に撤兵令を出し、それぞれ国もとに引き上げさせた。

長州藩では十二月十五日、恭順を不満とする「正義派」の高杉晋作が「俗論派」政権打倒を目指して下関で挙兵し、藩内戦が勃発する。晋作に呼応して決起した奇兵隊はじめ諸隊は、大田《おおだ》・絵堂《えどう》（いずれも現在の美祢《みね》市）で藩政府軍の選鋒隊を撃破し、藩内各地の行政機関を掌握してゆく。

萩城下では慶応元年（一八六五）一月十六日、中立派の藩士二百余名が集まり、鎮静会《ちんせいかい》議員と称し、戦争終結を目指して周旋を始めた。鎮静会議員は藩政府から「俗論派」を斥け、「正義派」を復権させるよう促す。

勝ちに乗じた諸隊軍は一月十九日、山間部の山口に集まり、会議所を設けた。二月十日、鎮静会議員のうち香川半介《かがわはんすけ》・桜井三木三《さくらいみきぞう》・冷泉五郎《れいぜいごろう》・江木清次郎が山口を訪ね、諸隊側の高杉晋作や奇兵隊軍監山県狂介《やまがたきょうすけ》（有朋《ありとも》）らと内戦の収拾、今後の方針につき数時間にわたって話し合った。後年、山県は次のような要望を示したと回顧する。

「第一に君側《くんそく》を清め、政府に人材を抜擢し速に兵制を改革し、幕府に対して待つことあるの覚悟なるべからず。此の事若《も》し行はれずんば諫争《かんそう》して死を以て之《これ》に継がんのみ」（山県有朋『懐旧記事・三』明治三十一年）

ところが翌十一日夜、萩に帰る途中の明木《あきらぎ》村権現原《ごんげんばら》（現在の萩市）で香川・桜井・冷泉が暗殺され、江木が負傷する。この暗殺事件により、政権交代が一気に進む。

鎮静会議員は、諸隊と自分たちとの離間を企んだ選鋒隊の仕業であると睨んだ。そこで十二日、鎮静会議員数十名は萩城に入り、城門を閉ざして選鋒隊を締め出す。諸隊は萩に進入し、軍艦癸亥丸《きがいまる》は萩沖より空砲を撃って藩政府を威嚇した。こうして藩政府から「俗論派」が更迭され、「正義派」が復権してゆく。

十九日から城中で大会議が開かれ、二十二日から二十四日まで藩主父子らは城内の祖霊社に籠もり、臨時祭を執行して藩内を騒乱させた罪を先祖に謝した。つづいて藩政の中心は萩から山口に移り、藩是は武備恭順に決まって、六月五日には待敵令が出た。

やがて権現原で鎮静会議員を暗殺したのは選鋒隊の児玉久吉郎《こだまくきろう》・中井栄次郎《なかいえいじろう》・木村松之進《きむらまつのしん》・冷泉太郎兵衛《れいぜいたろべえ》・小倉半左衛門《おぐらはんざえもん》・南新三郎《みなみしんざぶろう》・小川八十槌《おがわやそつち》および力士隊《りきしたい》の峰吉《みねきち》らであることが判明する。峰吉以外の七名は六月十九日、城下の野山獄で処刑された。

殺された三名の霊は明治二十一年（一八八八）に靖国合祀、同四十四年には各人に正五位が追贈され、藩主菩提寺である萩の東光寺《とうこうじ》には墓が建てられた。また、権現原には大正三年（一九一四）三月、地元青年会により三名を顕彰する碑が建てられた（現存する）。

真木菊四郎暗殺

幕府独裁に薩長が提携して抵抗し、「復古」を実現させるよう早くから望んでいたのは、久留米の水天宮《すいてんぐう》祠官で尊攘派の巨頭真木和泉だった。だが和泉は元治元年（一八六四）七月十九日、長州軍に加わり「禁門の変」で戦い、敗れて二十一日、天王山で同志とともに自刃する。

和泉の四男真木菊四郎《きくしろう》は戦場を脱して長州に逃れ、三条実美ら五卿に随従して九州に移った。しかし慶応元年（一八六五）二月十四日夜、下関岬之町《はなのちょう》で暗殺される。刺客は土佐浪士三名とされ、遺骸は海に捨てられた。享年二十四。犯人につき、和泉の弟真木直人《なおと》（外記《げき》）の「日知録」（『維新日乗算輯《さんしゅう》・二』大正十四年）慶応元年二月十九日の条の欄外に、「刺客は池内蔵太《いけくらた》なりとの説あり」との記述がある。

宇高浩《うだかひろし》『真木和泉守』（昭和九年）によれば、この日、直人は筑前福岡で薩摩の西郷吉之助（隆盛）や筑前の月形洗蔵《つきがたせんぞう》らと談じた。直人は「何とかして菊四郎の仇を報じたいものだ」と、西郷に相談する。西郷も「御尤《ごもっと》もである。出来るだけのお力添へを致さう」と、約束した。

犯人としてマークされた「池内蔵太」は、土佐浪士である。天誅組の洋銃隊長を務め、敗走後は首領中山忠光を護衛して長州に亡命した。その後禁門の変や長州藩内訌《ないこう》でも戦った、「歴戦の勇士」である。暗殺の動機については斬奸状がなく、判然としない。『真木和泉守』によれば菊四郎は薩摩に接近したため、「薩摩を悪《にく》むこと蛇蝎よりも甚しく」という過激派の恨みを買ったという。確かに直人が福岡で西郷に会っているのを見ても、すでに真木一族は和泉の遺志を継ぎ、早々と薩長和解に動いていたようだ。

そして以後、西郷や三条らはもちろん、長州藩内でも薩長提携が検討されてゆく。長州としても、朝敵の烙印を消すには中央政局に影響力を持つ薩摩のサポートが必要だった。池が犯人とすれば、同志間での立場が悪化したのは想像に難くない。薩長提携のため長州藩を訪ねた坂本龍馬は、池と再会した。龍馬は九月九日、土佐の池の家族に手紙（『龍馬の手紙』平成十五年）で、再会の様子を次のように知らせる。

「さきざきの事ちかい候て、是よりもふつまらぬ戦はをこすまい、つまらぬ事にて死ぬまいと、たがいにかたくやくそく致し候」

池は「つまらぬ事」で死にかけていた苦衷を、同郷の龍馬に訴えたのではないか。そして龍馬は十一月上旬、池を長州から連れ出し、上方《かみがた》に伴った。さらに池を長崎の亀山社中《かめやましゃちゅう》に参加させ、木造帆船ワイオウェフ号の士官に任じる。

ところが慶応二年五月二日、池を乗せたワイオウェフ号は長崎から薩摩に向かう途中、肥前五島《ごとう》沖で嵐に遭い転覆。池ら十二名は溺死した。享年二十六。すでに同年一月、いわゆる「薩長同盟」が締結されていた。先の『真木和泉守』は池内蔵太の名を、一度も出さない。しかし「菊四郎の暗殺者と目指さるる数名は、其の後船に乗つて薩摩に赴かんとして、肥前五島沖にて颶風《ぐふう》に遭ひ、船は転覆して海底の幽鬼と化し去つたので、復讐《ふくしゅう》のことは已《や》んだ」とあるから、池を犯人と見ていたのは確かである。

池は明治十六年（一八八三）に靖国合祀、同三十一年に従四位を追贈された。菊四郎は明治二十一年に靖国合祀、同三十五年に従四位を追贈されている。いずれも明治になり「勤王の志士」として国家レベルで顕彰されていたから、内ゲバは歴史に残さない方がよいとの配慮から、『真木和泉守』では池の名を伏せたのではないか。

なお、薩摩が集めた情報には、菊四郎暗殺犯は三条実美に従う小松泉四郎《こまつせんしろう》で、大山彦太郎《おおやまひこたろう》（中岡慎太郎《なかおかしんたろう》）も「真木暗殺の策謀存じ居り候はん、是を以て正義中の姦と存じ候」と記したものがある（『鹿児島県史料　玉里島津家史料《たまざと》・四』平成七年）。土佐浪士の中岡は暗殺直前の菊四郎に会っており、何らかの関与があったのかもしれない。

菊四郎の墓は下関市赤間《あかま》神宮裏の紅石山《べにしやま》に設けられ、いまも命日には祭事が行われる。暗殺地あたりには「真木菊四郎殉難之地」の石標が昭和三十二年（一九五七）に下関郷土会により建てられた。

真木菊四郎墓（下関市）

原市之進暗殺

息を吹き返した長州藩を討つべく幕府は第二次長州征討を開始したが、戦いさなかの慶応二年（一八六六）七月二十日、将軍徳川家茂が大坂城で病死する。このため九月に休戦が決まり、徳川宗家を継いだ慶喜が十二月五日、正二位権大納言《ごんだいなごん》に進み征夷大将軍になった。

ところが十二月二十五日、慶喜をあつく信頼していた孝明天皇が崩御する。幕府側にとっては大打撃だった。討幕派による天皇暗殺の風説が流れたのも、無理はない。そして翌三年一月に践祚《せんそ》した十六歳の睦仁《むつひと》（明治天皇）を、幕府・討幕どちらの陣営が抱き込むかが今後の焦点になる。

慶喜は、孝明天皇が最期まで認めなかった兵庫開港の勅許を獲得すべく慶応三年五月二十三日、朝廷に乗り込んだ。開港の期限は同年十二月七日（一八六八年一月一日）に迫っており、失敗すれば幕府の国際的信用が失墜する。午後八時から翌二十四日午後にかけての長い会議で公卿相手に奮闘した慶喜は、ついに兵庫開港の勅許を出させた。

　慶喜は「尊王攘夷」の名付け親で、「復古」の教祖ともいうべき水戸藩主徳川斉昭の七男として、天保八年（一八三七）に生まれた。母は有栖川《ありすがわ》家から嫁いできた吉子《よしこ》（登美宮《とみのみや》）で、皇族との血縁関係も深い。「維新」「復古」双方から期待されたのも、当然だろう。その慶喜が兵庫開港の勅許を得たことは、「維新」にも「復古」にも大きな衝撃を与えた。

　政権交代により「維新」の実現を目指す薩摩の西郷隆盛らは、慶喜が新天皇を掌握したと見た。一方「復古」は、孝明天皇の遺志がねじ曲げられたと憤った。「維新」は武力による幕府打倒の検討に入り、「復古」はテロに走る。

　暗殺のターゲットは慶喜とすべきだろうが、そこまではやらない。八月十四日朝、慶喜側近（目付）の原市之進《はらいちのしん》が、京都三本松《さんぼんまつ》の役宅を訪ねてきた二名の刺客に暗殺された。享年三十八。刺客は鈴木豊次郎・依田《よだ》雄太郎《ゆうたろう》で、いずれも幕府陸軍奉行竹中重固《たけなかしげかた》の配下である。鈴木・依田は原の首を持ち去ったが、追いかけてきた若党に二条城のそば、板倉《いたくら》伊賀守《いがのかみ》邸前で

原市之進墓（京都市東山区長楽寺）

斬殺された。刺客の同志鈴木恒太郎《つねたろう》は、三人連名の斬奸状を持ち月番老中の板倉に自首した。

斬奸状ではまず、かつて水戸藩士だった原は、烈公（徳川斉昭）を信奉して「尊攘の一義を講究」していたとする。にもかかわらず、孝明天皇の叡旨《えいし》を無視し、天朝を騙して慶喜に兵庫開港の勅許を求めさせたと激しく非難する。刺客にすれば原は烈公の遺志を奉じ、慶喜を補佐して「尊攘の盛挙を決行」すべきなのに、「死を惜みて己が栄利を貪《むさぼ》り、苟安《こうあん》を旨」とし、ついには「国体を破壊し、天倫を威裂し、共に天を戴かざるの賊」になったという。以上が殺す理由である。

水戸藩に生まれた原は藩校弘道館《こうどうかん》で会沢正志斎の指導を受け、従兄《いとこ》の藤田東湖に師事し、戊午の密勅や坂下門外の変にも関与した。後期水戸学を拠りどころとする過激派のホープで、後継者と見なされていた。ところが慶喜の側近になるや、現実的な政治手腕を発揮してゆく。兵庫開港勅許のさいも、水面下で薩摩側の妨害を撥《は》ねつけた。この頭の切り替えの早さのせいで原は「復古」の裏切り者と決めつけられ、殺されたのである。

兵庫開港に反対する旗本の山岡鉄太郎（鉄舟）や、目付のポストが欲しかった旗本の高橋《たかはし》伊勢守（泥舟《でいしゅう》）が暗殺の黒幕との説もある。自首した鈴木恒太郎は原の真意を知り、その非行を後悔して従容として死に就いたという（渋沢栄一『徳川慶喜公伝・四』大正六年）。慶喜は原の死を悼み、その遺骸を京都東山の長楽寺《ちょうらくじ》に埋葬させ、明治三十五年（一九〇二）には従四位が追贈された。一方、刺客の墓は山岡鉄太郎が創建した東京谷中《やなか》の全生庵《ぜんしょうあん》にある。

なお、原以前にも慶喜側近の中根長十郎《なかねちょうじゅうろう》が文久三年（一八六三）十月二十三日に江戸で、平岡円四郎《ひらおかえんしろう》が元治元年（一八六四）六月十六日に京都で暗殺されている。いずれも慶喜が、攘夷実行を逡巡《しゅんじゅん》したためだという。

赤松小三郎暗殺

天保二年（一八三一）、信州上田《うえだ》藩の下級武士の家に生まれた赤松小三郎《あかまつこさぶろう》は江戸や長崎で兵学や蘭学、英語を学んだ。『英国歩兵練法』の訳書を刊行するほどの逸材だったが、故郷上田では冷遇される。

そこで慶応二年（一八六六）二月、京都に出た赤松は二条衣棚《ころもたな》に塾を開き、イギリス式兵法やヨーロッパの新科学、政治論を教授して名声を得た。門人は八百名以上に達したという。特に薩摩藩は赤松を藩邸に招き、藩士の指導に当たらせた。教えを受けた者に村田新八《むらたしんぱち》・篠原国幹《しのはらくにもと》・中村半次郎《なかむらはんじろう》（桐野利秋《きりのとしあき》）・野津鎮雄《のづしずお》・伊地知正治《いじちまさはる》・樺山資紀《かばやますけのり》・野津道貫《のづみちつら》・東郷平八郎《とうごうへいはちろう》・上村彦之丞《かみむらひこのじょう》などがいる。

慶応三年五月、赤松は前越前藩主松平春嶽あてに幕府の政治改革を提唱した建白を出す。これは挙国一致、人材登用を説くが、なかでも上下二院制による議政局を設け、そこでの決議を天朝が採決するとした部分は、日本における近代議会政治を提唱した早い例として特筆される。赤松に注目した幕府は擢用《てきよう》の内命を出すが、上田藩は惜しくなったのか帰藩を厳命した。

上田藩は親藩で、前の藩主松平忠固《ただかた》（安政六年〔一八五九〕没）などは老中を務め、日米修好通商条約即時調印を主唱した人物である。このため薩摩の中村半次郎は赤松との惜別の宴で、今後は敵味方に分かれるかもしれないとし、次のように述べたという。

「今後敵軍に恩師あるを思ひ、君命を辱かしむることありては、是れ士の大に耻《はじ》とする所なり。故に希《ねがわ》くは此の盃を返し、師弟の誓を絶つの別盃とされたし」（柴崎新一《しばざきしんいち》『赤松小三郎先生』昭和十四年）

それから間もなくの九月三日午後四時ころ、赤松は伏見からの帰途、東洞院魚棚《ひがしのとういんうおだな》下ル町において暗殺された。享年三十七。この日、三条大橋に掲げられた「有志中」による斬奸状には赤松の罪として「兼ねて西洋を旨とし、皇国の趣旨を失ひ、却《かえり》て公を動揺せられ候儀」とある。遺骸は六日、京都黒谷《くろだに》の金戒光明寺《こんかいこうみょうじ》に埋葬され、多くの薩摩藩士や上田藩士も参列して葬儀が営まれた。さらに十二月には、「薩摩受業門生（門人）」たちが黒谷に墓碑を建てた。

だが、赤松を暗殺したのは薩摩藩士である。当時は箝口令《かんこうれい》が布かれたともいう（『赤松小三郎先生』）。刺客のひとり、中村半次郎の『京在日記』九月三日の条には「幕逆賊信州上田藩赤松小三郎」を斬ったときの様子が生々しく記されている。中村は赤松につき、「此の度帰国の暇申し出候に付き、段々探索方に及び候ところ、いよいよ幕奸の由分明にて、もっとも当春も新将軍（慶喜）へ拝謁等も致し、此の比《ころ》も同断の由、慥《たし》かに相分かり」云々とする。幕府のスパイになったと、頭から決めつけていたようだ。赤松の知識が幕府側に利用されるのを、恐れたのだろう。この時期になると水面下で、将軍慶喜と薩摩の西郷隆盛らは「維新」の主導権をめぐり争いを繰り返していた。

その赤松を偶然、京都市街で見かけた中村は「捨て置かざるべきの者」と、同じく薩摩の数名と尾行する。中村が前に立ち塞《ふさ》がって刀を抜いたので、赤松は咄嗟《とっさ》にピストルに手をかけた。しかし、中村の剣は赤松の左肩より右の腹を斬る。ただちに倒れた赤松を、田代五郎左衛門が背後から斬った。中村は「直ちに留《とどめ》を僕打つ。合せて弐ツ刀、田代も合せて弐ツ刀にておわる」と、獲物を仕留めたハンターのごとく淡々と記す（田島秀隆《たじまひでたか》『京在日記　桐野利秋』昭和四十五年）。

この一件からか、示現流の達人だった中村は「人斬り半次郎」と呼ばれたと伝えられる。半面、後悔の念からか精神を病み「赤松小三郎が来た、赤松が来た、畳の下に赤松の墓がある」などと叫び続けることがあったともいう（『赤松小三郎先生』）。

中村は明治になり桐野利秋と称し、陸軍少将に任ぜられたが、明治六年（一八七三）の政変で西郷隆盛に従い下野した。そして同十年二月、西郷を擁して西南《せいなん》戦争を起こし、九月二十四日、鹿児島の城山《しろやま》で戦死した。享年四十。大正五年（一九一六）四月、西南戦争勃発時に剥奪《はくだつ》された正五位

赤松小三郎遺髪墓（上田市月窓寺）

が復された。

赤松には実子がなかったため、いったん家は絶えたが明治二十九年、三十年祭のさいに親戚から嗣子を迎えて再興された。同三十九年五月、長野の善光寺《ぜんこうじ》で行われた日露戦争戦死者追弔法会に参列した海軍の巨頭で、かつての赤松門人東郷平八郎・上村彦之丞が遺族に弔祭料を贈っている。さらに大正十三年二月、摂政宮《せっしょうのみや》御成婚で従五位が追贈された。

坂本龍馬・中岡慎太郎暗殺

二度にわたる長州征討が失敗に終わって幕府の弱体化は世に知られたが、新将軍の徳川慶喜は兵庫開港の勅許を得るなど、幕府権威の立て直しを進める。このため、薩摩を中心に武力討幕の気運が高まる。ところが土佐藩大監察の後藤象二郎《ごとうしょうじろう》は大政奉還による政権交代を唱え、慶応三年（一八六七）六月には在京の薩摩藩首脳である小松帯刀《こまつたてわき》・西郷隆盛・大久保利通の同意もとりつけた。

だが、西郷らは武力討幕を諦めたわけではない。土佐が建白を行っても、慶喜は政権返上に応じないと予測した。ならば、選択肢は武力討幕しかなくなるから、好都合のはずだった。ところが慶喜は土佐の建議を容れ、十月十四日に大政奉還を朝廷に申し出、翌十五日に勅許されてしまう。すでに薩長は「討幕の密勅」を受けていたが、ひとまず武力討幕は腰砕けとなる。こうして諸侯会議を経て、慶喜をトップに据える新政権が合法的に誕生する流れが生まれた。「維新」を目指す西郷らは、日本が公議政体へ向かうことについては異論がない。だが、「維新」は自分たちが主導するのであり、旧政権の慶喜を加えたくはなかった。

一方、慶喜の大政奉還には身内である徳川一門、特に会津藩（京都守護職）・桑名《くわな》藩（京都所司代）からの激しい反発があった。

幕府復権を目指す会津・桑名藩は、薩摩の小松・西郷・大久保や土佐・芸州《げいしゅう》の要人を元凶と見なし、武力による「クーデター」を企てる（桐野作人《きりのさくじん》『龍馬暗殺』平成三十年）。岩倉具視を通じて、危機が迫っていると知らされた小松・西郷・大久保は十七日、討幕の密勅を携えて京都を去り、帰国の途に就く。

土佐の坂本龍馬（変名才谷梅太郎《さいだにうめたろう》）はかつて脱藩して勝海舟に海軍を学び、薩長間を奔走するなどして、四月からは土佐の海援隊《かいえんたい》長に就任していた。大政奉還時には京都に滞在していたが、後藤が進めた大政奉還建白にどの程度関与していたかは分からない。むしろ九月には小銃一千挺《ちょう》を長崎から土佐藩に運んでいるから、武力討幕に備えていた形跡すらある。それでも会津・桑名からは、大政奉還の立役者のひとりと見なされていたようだ。

坂本龍馬（左）と中岡慎太郎

龍馬も危機を感じ、刺客の影におびえていたことは十月十八日、友人の土佐藩士望月清平《もちづきせいへい》あての書簡からもうかがえる（『龍馬の手紙』）。しかし、「御国表の不都合（脱藩の前歴だろう）」がある龍馬を、河原町の土佐藩邸は保護しなかった。そこで龍馬は藩邸近くの、河原町の商家近江屋《おうみや》に潜伏する。はじめ土蔵を使っていたが、風邪をひいたため、当主新助の配慮で母屋の二階に移った。

　ここの奥の八畳間で十一月十五日午後八時ころ、龍馬は土佐の陸援隊《りくえんたい》長中岡慎太郎（変名石川清之助）と会談中、数名の刺客に襲われる。関係者に取材した岩崎鏡川「坂本と中岡の死」（『坂本龍馬関係文書・二』昭和元年）によれば刺客は従僕の藤吉に十津川郷の者だと名乗り、名刺を渡して龍馬への面会を求めた。そして取り次ぎを終えて出てきた藤吉を斬り、龍馬の部屋に乱入する。

龍馬は床の間に置いた佩刀吉行《よしゆき》を抜くこともできず、額や背などを斬られて「石川刀はないか、石川刀はないか」と叫び倒れた。慎太郎は屏風の後ろに置いた佩刀を取ることができず、短刀を抜く暇もなく十一カ所も斬られた。刺客たちは「もう宜《よ》い、もう宜い」との言葉を残し去った。

坂本龍馬暗殺地（京都市中京区）

間もなく龍馬は息を吹き返し、行灯《あんどん》を提げて次の六畳間まで行き、手摺《てす》りのところから階下の家人に「医者を呼べ」と命じたが、もはや虚脱しており「慎太僕は脳をやられたから、もう駄目だ」とつぶやき、うつ伏せて絶命した。屋根に逃れた慎太郎は十七日夕方まで息があり、駆けつけた者たちに襲撃の模様などを語り残したりした。享年は龍馬三十三、慎太郎三十であった。両者とも明治十六年（一八八三）に靖国合祀、同二十四年に正四位を追贈されている。

十二月九日、諸侯会議を経ぬまま王政復古の大号令が発せられ、総裁、議定、参与からなる新政権が誕生した。だが、徳川慶喜の名はその中にはなかった。さらに新政権は慶喜に、辞官納地を迫る。排除された慶喜側の怒りは、翌年の戊辰戦争へとつながってゆく。

龍馬暗殺犯は誰か

坂本龍馬・中岡慎太郎暗殺は当初、遺留品の鞘《さや》と下駄《げた》から新撰組の仕業と見られた。

だが、明治三年（一八七〇）、幕府の見廻組《みまわりぐみ》隊士だった今井信郎《いまいのぶお》が刑部省《ぎょうぶしょう》で自分たちが犯人だと自供する。旗本で剣客の今井は京都勤務を命ぜられ、慶応三年（一八六七）十月に着任して見廻組に加わったばかりだった。のち箱館五稜郭《ごりょうかく》に籠もり新政府に抵抗後、捕らえられ責問されたのである。

それによると見廻組与頭《くみがしら》の佐々木只三郎が配下の今井・渡辺吉太郎《きちたろう》・高橋安次郎《たかはしやすじろう》・桂隼《かつらはや》之助《のすけ》・土肥仲蔵《どひちゅうぞう》・桜井大三郎《さくらいだいさぶろう》を引き連れ、龍馬を襲ったとある。幕府にとり龍馬は前年一月、寺田屋で伏見奉行所の同心二名をピストルで射殺して逃げた、お尋ね者だった。佐々木は捕縛するのが難しければ、討ち取れと指示したという。

ちなみに実行犯のリーダーだった佐々木は会津藩士の家に生まれ、旗本佐々木家を継いだ。

講武所（幕府の士官学校）の剣術師範を務めたほどの剣客で、文久三年（一八六三）四月には清河八郎を暗殺している。龍馬暗殺後は鳥羽《とば》・伏見の戦いで受けた傷がもとになり、紀州の紀三井寺《きみいでら》で明治元年（一八六八）一月十二日、三十六歳で没した。

もっとも問題は、誰が命令を出したかということだろう。この点を今井は知らないとし、幕府閣老など重役、あるいは京都守護職松平容保の差図ではないかといっている。見廻組は京都守護職の支配下にあった。

高橋一雄『佐々木只三郎』（昭和十三年）によれば、佐々木の実兄でもと会津藩士の手代木《てしろぎ》直右衛門《すぐえもん》が明治三十六年に没する数日前、ある人に、

「坂本龍馬を殺したのは実弟只三郎であり、それは某諸侯の命によるものである」

と語ったという。同書は「某諸侯といふのは、のちに見廻組の属した京都守護職松平容保」と推測する。

手代木良策《りょうさく》刊『手代木直右衛門伝』（大正十二年）では同じ話を紹介した後、

「蓋《けだ》し某諸侯とは所司代桑名侯を指したるなり、桑名侯は会津侯の実弟なりしを以て、手代木氏は之が累を及ぼすを憚《はばか》り、終生此事を口にせざりしならん」

と推測する。桑名藩主松平定敬《さだあき》は京都所司代を務め、容保の実弟だった。所司代は、寺田屋

で龍馬を取り逃がした伏見奉行所を支配下に置いていた。

このように見てゆくと、大政奉還関係者へのテロを企てていた会津・桑名の指令により、龍馬暗殺が実行された可能性が高そうである。実行犯は史料により若干の異同があるものの、佐々木只三郎ら見廻組数名であろう。

なお、龍馬を主人公にした政治講談『汗血千里駒《かんけつせんりのこま》』が明治十六年に出版され、一大ベストセラーとなる。著者は土佐出身の坂崎柴瀾《さかざきしらん》で、自由民権運動のプロパガンダ的な作品だった。『汗血千里駒』に描かれた自由と平等を求めて戦う志士龍馬像は、虚実はともかく絶大な人気を呼び、戦後は司馬遼太郎の長編歴史小説『竜馬がゆく』にも引き継がれてゆく。こうした龍馬ブームの中で、マスメディアを中心に龍馬暗殺をいたずらに「謎」とする風潮が生まれ、薩摩や後藤象二郎を黒幕とする推理小説が著されたりした。

伊東甲子太郎暗殺

坂本龍馬に新撰組による暗殺の危機が迫っていると忠告したのが、伊東甲子太郎《いとうかしたろう》(大蔵。摂津)である。もと新撰組幹部で、当時は泉涌寺《せんにゅうじ》に築かれた孝明天皇陵の衛士頭《えじがしら》を務めていた。龍馬暗殺現場の遺留品である刀の鞘を、新撰組の原田左之助《はらださのすけ》の所持物と証言したのも伊東だった。

しかし、その伊東も龍馬暗殺から三日後の慶応三年（一八六七）十一月十八日午後十時過ぎ、京都の木津屋橋通《きづやばしどおり》油小路《あぶらこうじ》で大石鍬次郎《おおいしくわじろう》ら数名の新撰組隊士に襲撃される。伊東は近くにあった新撰組局長近藤勇の妾宅で酒を振る舞われ、御陵衛士屯所である東山の高台寺《こうだいじ》塔頭《たっちゅう》月真院《げっしんいん》へ帰るところだった。奮戦した伊東は深手を負い、本光寺《ほんこうじ》門前の石碑の台石に腰掛けて息絶えたという。享年三十三。

伊東の遺骸は油小路通と七条《しちじょう》通の辻《つじ》に放置された。これを奪還すべく、八名の御陵衛士の同志が駆けつけたところ、待ち伏せていた三十名ほどの新撰組隊士が襲いかかった。乱闘のすえ衛士の鈴木三樹三郎《すずきみきさぶろう》（伊東の実弟）・篠原泰之進《しのはらたいのしん》・富山弥兵衛《とみやまやへえ》・加納鷲雄《かのうわしお》・橋本皆助《はしもとかいすけ》の五名は血路を切り開いて逃れたが、藤堂平助・服部武雄《はっとりたけお》・毛内有之助《もうないありのすけ》の三名は殺された。

四名の遺骸は囮《おとり》として翌日も現場に置かれたが、二十日になり新撰組が四条大宮《しじょうおおみや》の光縁寺《こうえんじ》に埋葬した。翌明治元年（一八六八）三月十三日、生き残った御陵衛士の手で泉涌寺内の戒光寺《かいこうじ》に改葬されたが、これは毛内の「自分は先帝の御陵衛士であるから、万一の時は御陵のある泉涌寺山内に葬って頂きたい」（市居浩一《いちいこういち》『高台寺党の人びと』昭和五十二年）との遺言によるという。

伊東は天保六年（一八三五）、常陸志筑《しづく》藩士鈴木専右衛門《せんえもん》の長男として生まれたが、父が失脚したため藩を追われ、水戸へ遊学して後期水戸学の影響を強く受けた。のち、江戸へ出て深川中川町《なかがわちょう》の北辰一刀流伊東誠一郎《せいいちろう》の道場に入門し、剣の腕を認められて婿養子となった。元治元年（一八六四）十月、同門の藤堂平助から江戸に下向中の近藤勇を紹介され、門弟数名を引き連れて新撰組に加盟して京都に上った。

そもそも新撰組は、尊王攘夷の志を抱く浪士集団として結成された。市中警備が本意ではない近藤としては、伊東を参謀・文学師範に迎えることで組織に思想的な筋金を入れようと考えたのだろう。しかし伊東は長州征討に反対するなど、近藤との間に溝を深めてゆく。

伊東は根回ししたあげく、慶応三年三月、武家伝奏より孝明天皇の御陵警衛の任を受けた。こうして十数名の同志とともに新撰組から離脱し、山陵奉行戸田《とだ》大和守（忠至《ただゆき》）の下に入ってしまう。八月には御陵衛士の新井忠雄《あらいただお》とともに九州遊説の旅に出、大宰府《だざいふ》では三条実美らに新政権につき建言した。途中下関では長州藩士野村《のむら》某と会い、奇兵隊戦死者の霊を祀《まつ》る桜山《さくらやま》招魂場に「長門の国桜山はみな国の為め討死せし人々の魂をまつれる処《ところ》なれば」の題で、

「日のもとのにほひ高きさくら山ぬるゝもうれし花のしたつゆ」

の追悼歌を献じている（西村兼文《にしむらかねぶみ》編『殉難続草』明治二年）。薩長の間でも、伊東の名声は高まった。

近藤や副長の土方歳三らは苦々しく思っただろうが、伊東が天皇権威を背景に行動する以上、容易に手出しはできない。だから誘い出し、密殺した。酒を飲ませたのは、剣客としての伊東の腕を恐れたからだろう。清河八郎、芹沢鴨、伊東と、新撰組絡みの暗殺にはいつも天皇権威と酒が関係する。

この年、伊東は数通の建白を書いている。それによれば公家を上層に置き、徳川家も参加させ、畿内五ヵ国を直轄領とする新政権を構想していたようだ。また、兵庫開港には反対するも、国民皆兵や海外貿易により富国強兵を行うことも考えていた。神国思想の影響を受けながらも、「維新」を見据えていたことがうかがえる。

なお、伊東暗殺の報復として、薩摩藩伏見屋敷に潜伏していた鈴木三樹三郎らは十二月十八日夕、伏見街道藤《ふじ》ヶ森《もり》で近藤勇を鉄砲で狙撃している。近藤は右肩に重傷を受けるも、馬から落ちることなく逃げ去った。その後、紆余曲折を経て「賊軍」となった近藤は下総流《ながれ》山《やま》で新政府に捕らえられ、明治元年四月二十五日、板橋《いたばし》で処刑される。享年三十五。

大正七年（一九一八）、伊東に従五位が追贈され、昭和七年（一九三二）には靖国神社に合祀された。

第五章　維新に乗り遅れた者たち

　王政復古の大号令によって誕生した新しい政権が明治元年（一八六八）三月に示した国是「五箇条の誓文」の第五条には、「智識を世界に求め大に皇基を振起すべし」とある。幕府を非難する大義名分だった攘夷を目に見える形で解消し、開国和親の方針を内外に宣言したのだ。

「維新」は天皇権威を戴き、中央集権、近代国家建設を目指す。「王政復古」という名の「明治維新」が行われたのである。これでは神国思想を信奉し、尊王攘夷を唱えて「復古」を目指してきた者たちが納得するはずがない。「復古」の怒りが爆発するのは、時間の問題だった。

　テロを一手段として政権を奪った「維新」側は目的が達成されるや、当然ながらテロを犯罪として取り締まる。だから政府は明治元年一月二十三日、「暗殺を為《な》すを厳禁す」との法令を出した。これは「暗殺禁止令」と呼ばれる。

そもそも幕末に暗殺事件が頻繁に起こった大きな原因のひとつは、下々の意見が上に届く「言路洞開」のルールがなかったからだ。それは暗殺事件を起こす側も、取り締まる側も指摘していた。そこで「五箇条の誓文」の第一条には「広く会議を興し、万機公論に決すべし」と大々的に掲げた。「暗殺禁止令」にも「公然」と物がいえるようになったのだから、それをいわずに「私に殺害致し候はば、朝廷を憚ら」ない行為になるのだと説く。

それでも暗殺事件が絶えなかったのはなぜだろう。本章では国家の形が整えられてゆく明治元年一月から同十一年までの間に起こった代表的な暗殺事件を辿り、その理由を探ってゆきたい。

パークス暗殺未遂

新政府は自分たちこそが日本代表であると諸外国に承認させるため、明治元年（一八六八）二月三十日、御所紫宸殿《ししんでん》において明治天皇とイギリス・フランス・オランダ公使の謁見を企画した。攘夷を唱えて幕府を非難してきた者たちが、政権を奪うや開国和親を唱えるのだ。

この日御所に向かう途中のイギリス公使ハリー・パークスが、浪士二名に襲撃される事件が起こる。午後一時、正装し馬に乗ったパークスは、騎馬護衛兵が先導する軍隊に護衛されながら宿舎の知恩院《ちおんいん》を出た。四条縄手通《なわてどおり》を進み、角を曲がったところで二名の浪士が行列に斬り込んでくる。そのひとり林田衛太郎《はやしだえいたろう》（変名朱雀操《すざくみさお》）は行列中の薩摩脱藩の中井弘《なかいひろし》を負傷させるも、参与の後藤象二郎に斬り捨てられた。いまひとりの三枝蓊《さえぐさしげる》は、負傷し捕縛された。パークスは、革のベルトを切られた程度で済んだ。

後藤は斬り落とした朱雀の首級をパークスに見せて「暴人あり。妨げを為せり。因《より》て討ち果し捨てたり」と知らせ、そのまま参内するよう勧めた。だが、警固の騎兵九名が重傷を負い、馬四頭も負傷したのでパークスの参内はいったん中止となり、知恩院に引き返す（「故伯爵後藤象次郎《ママ》君談話」『史談会速記録・一七一』明治四十年）。

天皇はただちにパークスに見舞いの使者を派遣し、新政府はイギリス側に丁重に謝罪したため、問題はこじれなかった。パークス参内も三月三日に実現する。もっとも、三月十三日の『中外新聞《ちゅうがい》』では外国人向けの新聞記事を翻訳して事件を報じ、次のように激しく非難している。

「最早《もはや》寛大の処置を行ふべき時にあらず、欧羅巴《ヨーロッパ》人、米利堅《アメリカ》人、身に一毫《いちごう》の罪無くして命を失へる者既に三十人に及べり……コルシカ人の語に、一人殺さるれば一人を殺すといへる事あれども、吾等は是に倣《なら》ふ事無く、一人殺さるれば千人を殺すの心を以て復讐を行ふべし」(黒沢孫四郎《くろさわまごしろう》訳、『新聞集成明治編年史・一』昭和四十七年再版)

実は、直前にも外国人殺傷事件が相次いでいた。これはテロとはいい難いのだが一月十一日には摂津神戸で岡山藩士がフランス兵を負傷させた「神戸事件」が、二月十五日には泉州《せんしゅう》堺を警護中の土佐藩兵がフランス兵十一名を殺した「堺事件」が起こっている。神国思想を信奉する狂信的な攘夷論者も新政権側には潜んでおり、これが排斥されない限り、西洋列強にとって日本はまだまだ危険な国であった。なお後日、イギリスのビクトリア女王は中井と後藤に栄誉の宝剣を贈っている。

林田衛太郎と三枝蓊

即死したパークス襲撃犯の林田衛太郎は山城国桂村《かつら》(現在の京都市西京区《にしきょう》)の出身で、もと小堀右膳《こぼりうぜん》の家来だった。享年不詳。通訳アーネスト・サトウは林田の首につき、「それは見るも恐ろしい形相をしていた。頭蓋骨《ずがいこつ》の左側のすごい三角形の切れ目から、脳味《のうみ》噌《そ》がはみ出していた。また右のあごにも刀傷があったが、これは明らかに警護隊の兵士の剣で突かれたものだった」（『一外交官の見た明治維新・下』昭和三十五年）と後年述べている。

捕らえられた三枝蓊は大和国平群《へぐり》郡椎木《しぎ》村（現在の奈良県大和《やまと》郡山《こおりやま》市）浄蓮寺《じょうれんじ》（浄土真宗）の僧で、医学や国学を修めた。天誅組挙兵にも参加したが、高取城攻略失敗に愛想をつかして離脱する。明治元年（一八六八）一月には林田とともに高野山挙兵に参加し、事件当時は二条城の親兵を務めていた（吉見良三《よしみりょうぞう》「三枝蓊の人と作品」『霊山《りょうぜん》歴史館紀要・十』平成九年）。ほかにも数名の同志がいたが、厳重な警備にもかかわらず斬り込んだのは二名のみだった。

サトウらの取り調べに対し三枝は「悔悟の情を示し、『自分の首を斬って、罪を日本国民に知らせるため公衆の面前にさらしてくれ』と言った」という。ミットフォードも「哀れな男（三枝）はたいへん感謝して、『外国人がこんなに親切な人間だと知っていたら、あのような企ては決して実行しなかっただろうし、そのことについて深く後悔している』と、何度も繰り返した」（『英国外交官の見た幕末維新』平成十年）と回顧している。享年三十四（異説あり）。あまりにも早い変節が事実なら、三枝の唱えた「攘夷」とは意外なほど単純なもの

三枝蓊（左）と林田衛太郎墓（京都市）

処刑直前の三枝蓊

だったのかもしれない。

明治元年三月四日、三枝は除族のうえ、京都の粟田口刑場で斬に処された。名誉の切腹では、テロリストが神格化されかねないと危惧したパークスの要望による。その首は林田の首とともに三日間梟された。罪状は「白刃を以て公使に従ふ英兵へ手負を為し候に付、参内をも差し延べられ、御交際を妨げ乱行の始末、重畳《ちょうじょう》不届き者に付」云々である。少し前ならば二名の行為は、神国を穢す外国人を命がけで懲らしめた「志士」として評価されたはずだ。「維新」が「復古」のエネルギーを利用して政権を奪ったすえ、非情にも切り捨てた一例である。

新政府により処刑された林田・三枝には追贈もなく、靖国合祀もされなかった。ただ、多くの「志士」が眠る京都東山の霊山に埋葬され、ひときわ立派な自然石の墓碑が建てられた。明治元年出版の霊山の図録『おくつき集』を見ると、石鳥居が付属する墓で（石鳥居は現存しない）、攘夷を簡単には捨てられない共感者が多かったことをうかがわせる。

松濤権之丞暗殺

政権交代の不正を訴え、大阪から北上して京都を目指す旧幕軍は明治元年（一八六八）一月三日夕、京都郊外の鳥羽・伏見で薩長の新政府軍と武力衝突した。翌四日、天皇権威の象徴である錦旗《きんき》を翻して「官軍」となった新政府軍に、土佐をはじめ諸藩の軍勢が雪崩を起こしたように味方する。一方、前将軍徳川慶喜は六日夜、大阪から海路江戸に逃げ帰ってしまった。官位を奪われ、朝敵となった慶喜だったが服罪を認められ、四月十一日に江戸城を明け渡して水戸へ去ってゆく。

だが、慶喜らの態度を弱腰と見た、徳川ゆかりの武士たちもいた。江戸開城に不満の撒兵《さっぺい》隊《たい》など旧幕府軍三千二百余名は房総《ぼうそう》半島に逃れ、諸藩に訴えて徳川復権を目指す。

しかし新政府軍が迫るや、撒兵隊歩兵頭の松濤権之丞《まつなみごんのじょう》は形勢不利を理由に降伏を唱えたところ、閏四月六日夜、上総姉ヶ崎《かずさあねさき》（異説あり）で暗殺される。斬ったのは同隊の第三大隊長増田直八郎。当時の新聞『もしほ草第十四篇』によれば、松濤は「妄《みだり》に兇器《きょうき》を動すべからざるの理《ことわり》」を説いたのが誤解され、次のような最期を遂げたという。

「松濤をうたがひて、かれは官軍に通ぜしならんとて其夜ひそかに宿舎にまねぎよせ、不意に鉄砲をうちかけ、かたなをぬいて左右よりきり殺したり」（『史料維新の逸話』）

松濤は徳川三卿のひとつ田安《たやす》家の臣で、文久三年（一八六三）十二月には幕府遣欧使節団の一員としてパリに渡航した。勝海舟とも親交があり、のちに幕府伝習隊《でんしゅうたい》の通訳も担当している（山形紘《やまがたひろし》『市川《いちかわ》・船橋《ふなばし》戦争』昭和五十八年）。『もしほ草』の記者は、

「この人はよき人にて世に益あるべき者なるべしと人々おもひたのみたるを、かくむごきにあひて、忠義の心もとほらず、非命の死をとげしはくちをしきことなり」

と、悔しがる。これから活躍が期待された人材だったのだろう。

間もなく東海道先鋒副総督柳原前光《やなぎわらさきみつ》率いる長州・備前・津・佐土原《さどわら》藩からなる新政府軍が江戸から攻め寄せて木更津《きさらづ》を攻撃し、旧幕府の脱走軍は敗れた。五月十五日には上野山に籠もる彰義隊も壊滅して、江戸とその近辺は新政府により制圧される。

なお、徳川宗家（本家）は閏四月二十九日、六歳の田安亀之助《たやすかめのすけ》（徳川家達《いえさと》）の相続が認め

られ、駿河府中《ふちゅう》七十万石の大名となることが決まった。敗れた旧政権のトップがこのような格好で生き残ったのも、世界で類を見ない「明治維新」の特徴である。

世良修蔵暗殺

鳥羽・伏見で勃発した戊辰戦争の戦火は江戸を経て北関東、東北へと拡大してゆく。新政府参与で総裁局顧問の木戸孝允《きどたかよし》（桂小五郎）は明治元年（一八六八）閏四月、戦争を「大政一新の最良法」とし、「膏薬《こうやく》療治」で表面の形だけを整えては他日再び禍害が生じるので、徹底した戦争遂行を求める（岩倉具視・三条実美あて木戸書簡、『木戸孝允文書・三』）。

新政府は会津・庄内《しょうない》藩を朝敵視した。会津藩主松平容保は死罪、庄内藩主酒井忠篤《さかいただすみ》は屏居《へいきょ》との方針が示された。一月十七日、東北きっての外様の大藩である仙台藩（六十二万五千石）に会津征討が、米沢《よねざわ》・秋田・南部《なんぶ》各藩に応援が命じられた。さらに奥羽鎮撫《ちんぶ》総督九条《くじょう》道孝《みちたか》が、薩長などの兵五百を率いて海路仙台に乗り込んでくる。

仙台藩や米沢藩は新政府に対し、必ずしも敵意は抱いていない。ただ、長州藩は王政復古とともに朝敵の汚名が消えたのに、会津藩は赦《ゆる》されない理由が分からない。そのため、薩長の私怨による戦争ではないかと疑い、東北諸藩と協議して会津救援に乗り出す。このあたり、錦旗の前にただちにひれ伏す西国諸大名とは違った。京都から離れているのも、その一因だろう。

恭順謝罪を望む会津藩は封土の一部削減、藩主の城外謹慎、鳥羽・伏見戦の首謀者の首級差し出しなどを申し出る。こうして閏四月十二日、仙台藩主伊達慶邦《だてよしくに》と米沢藩主上杉斉憲《うえすぎなりのり》が岩沼《いわぬま》に置かれた総督府に赴き、会津の謝罪嘆願書を取り次ぎ、会津進撃中止を申し入れた。だが、これは城も武器もすべて取り上げるという、新政府の絶対的恭順の方針とは掛け離れていたので却下される。

仙台・米沢藩はその原因のひとつが、総督府下《しも》参謀の長州藩士世良修蔵《せらしゅうぞう》と薩摩藩士大山《おおやま》格之助《かくのすけ》（綱良《つなよし》）にあると見た。世良は周防大島《おおしま》郡椋野《むくの》村（現在の山口県周防大島町）の庄屋の子に生まれ、長州藩陪臣（重臣浦《うら》家の家臣）の身分を手に入れて奇兵隊、第二奇兵隊などで活躍してきた人物だ。世良は天皇権威を笠に着た高圧的な態度で、仙台側に出兵を迫って反感を買ったという。こうして仙台藩重役の但木土佐《ただきとさ》や瀬上主膳《せがみしゅぜん》、姉歯武之進《あねはたけのしん》らは世良暗殺を企む。

閏四月十九日、世良は長府報国隊《ほうこくたい》の勝見善太郎《かつみぜんたろう》を従えて福島城下に入り、金沢屋を宿とする。その夜、午前二時ころ福島藩の杉沢覚右衛門《すぎさわかくえもん》・鈴木六太郎《すずきろくたろう》、仙台藩の姉歯武之進・田辺《たなべ》賢吉《けんきち》・赤坂幸太夫《あかさかこうだゆう》・松川豊之進《まつかわほうのしん》・末永縫殿之允《すえながぬいのじょう》・大槻定之進《おおつきていのしん》、目明し浅草宇一郎《あさくさういちろう》とその手下は世良と勝見の寝込みを襲って捕縛した。そして早朝、近くの阿武隈川《あぶくまがわ》河原で二名の首を斬り、胴は阿武隈川に捨てた。享年は世良が三十四、勝見が十九。それから松野儀助《まつのぎすけ》、馬丁の繁蔵《しげぞう》、野村十郎《のむらじゅうろう》、中村小次郎《なかむらこじろう》といった世良の関係者が相次いで各所で殺される。

白石《しろいし》の奥羽諸藩本営に届いた世良の首を、仙台藩の玉虫左太夫《たまむしさだゆう》などは厠《かわや》に捨てようとしたというから、いかに恨まれていたかがうかがえる。会津藩士は首の代わりに、髷《まげ》を持ち帰ることになった。結局、首は廃寺となっていた月心院《げっしんいん》の墓地に埋められた。

この事件により、仙台・米沢藩の提唱で奥羽二十五藩による奥羽列藩同盟（のち越後《えちご》六藩が加わり奥羽越列藩同盟）が結成される。同盟は京都の太政官《だじょうかん》に薩長に対する不信を訴え、会津・庄内藩への寛典を求めるが聞き届けられるはずもなく、東北地方は戦場と化す。奥羽越諸藩は次々と敗れ、九月に入ると米沢、仙台、そして会津、庄内藩も降伏した。

世良修蔵

世良暗殺の直接原因は、庄内征討に向かう大山格之助に福島から世良が発した密書だという。密書には奥羽は皆敵で、日本海側の酒田《さかた》沖に軍艦を回航する挟撃作戦を提案し、「勿論弱国二藩（仙台・米沢）は恐るるに足らずに候得共、会（会津）を合し候時は、少々多勢にて始末六ケ敷《むつかしき》」などとある。これが途中で仙台藩の瀬上や姉歯の手に入り、開封されたというのだが、偽書説（末松謙澄《すえまつけんちょう》『防長回天史・一〇』大正十年）も根強くある。

後日降伏した仙台藩は、会津が作った「偽手紙」に「仙藩国を挙げてこれを怒り、滅国ならば飽くまで会津に与し滅すべしと遂に世良修蔵を殺し」云々と弁明したという（明治元年九月十一日、木戸あて大村益次郎《おおむらますじろう》書簡、『木戸孝允関係文書・二』平成十九年）。もっともこれは、仙台の言い逃れのような感がなくもない。真相は闇の中だが、たとえ密書がなくとも、戦争は回避できない状況になっていただろう。

世良の霊は明治二年、東京招魂社（のち靖国神社）創建と同時に合祀され、同三十一年には従四位が追贈された。立派な墓が現在の宮城県白石市の陣場山に建てられたが、銘の「明治元戊辰年閏四月二十日、於奥州信夫《しのぶ》郡福島駅為賊所殺、年三十四」のうち「為賊」（賊の為）の二文字が、何者かにより削り取られている。

横井小楠暗殺

横井小楠《よこいしょうなん》（平四郎《へいしろう》）は進歩的な思想が故郷の肥後藩（熊本藩）では受け入れられず不遇だった。しかし安政五年（一八五八）三月、越前藩藩主松平春嶽に顧問として招かれるや長崎を拠点とした殖産貿易により、富国論を実践してみせる。挙藩上洛計画が頓挫し、文久三年（一八六三）に故郷熊本に帰ったが、ある事件から「士道忘却」だとして知行を奪われ、政治から遠ざかったまま郊外の沼山津《ぬやまづ》で新時代を迎えた。

横井小楠

だが、岩倉具視らの強い要請により明治元年（一八六八）三月、小楠は新政権に徴士として招かれて参与、制度局判事となり従四位に叙せられた。一方、西洋主義者と見られ、耶蘇《ヤソ》教を信仰し、廃帝を画策しているなどの噂が流され、激しい反発を受けたりもした。

そして明治二年一月五日午後二時過ぎ、小楠は御所から駕籠に乗って寺町《てらまち》の寓居

横井小楠暗殺地（京都市中京区）

に帰る途中、丸太町の角を曲がったところで六名の覆面をした刺客に襲われた。駕籠に従っていた家来二名、その後から従っていた門人二名は負傷しながらも、必死で防いだ。病気がちの小楠も駕籠から出、小刀を抜いて応戦しようとした。しかし刺客から幾太刀か受けたうえ、横合いから斬り込んできた一撃に倒れ、首を取られた。享年六十一。

これは、新政府高官に対する初めてのテロである。朝廷は侍臣を遣わし、翌六日には旧藩主細川韶邦《ほそかわよしくに》へ祭祀《さいし》料《りょう》三百両を下賜した。七日、門人らにより葬儀が営まれ、遺骸は肥後藩とゆかりの深い南禅寺《なんぜんじ》内の天授庵《てんじゅあん》に埋葬されて墓が建てられた。また、遺髪が故郷の沼山津に届けられ、こちらにも墓が建てられた。昭和三年（一九二八）には正三位が追贈されている。

刺客は石見の上田立夫《うえだりつぷ》、備前の土屋延雄《つちやのぶお》（本名津下四郎左衛門《つげしろうざえもん》）、十津川郷士の前岡力雄《まえおかりきお》と中井刀禰尾《なかいとねお》、尾張の鹿島又之允《かしままたのじょう》、大和郡山の柳田直蔵で、いずれも草莽と呼ばれる階級の出身だった。全員現場から逃走したが、ひとり重傷を負い、自刃し損ねた柳田が中町夷川《なかまちえびすがわ》町《ちょう》の民家で捕らえられ、芋づる式に犯人や関係者が捕らえられた。柳田が懐にしていた斬奸状には、小楠を暗殺する理由が次のように述べられている。

「今般夷賊に同心し、天主教（キリスト教）を海内《かいだい》（日本国内）に蔓延《まんえん》せしめんとす。邪教蔓延致し候節は、皇国は外夷の有と相成り候事顕然なり……売国の姦、要路に塞《ふさが》り居り候時は前条の次第に立ち至り候故、やむを得ず天誅を加うる者也」

これは小楠が宗教の手先となり、日本を侵略するつもりだとの風聞を真に受けた誤解だった。小楠は富国強兵のための開国進取を唱え、キリスト教にも関心を示した。しかし西洋文明に対しては徳がないと批判的で、精神はあくまで東洋の儒教であった。また刺客が「廃帝」の噂を信じたのは供述からも明らかだが、これも実証されなかった。

津下四郎左衛門のこと

それでも風聞を信じ、新政府の急進的な開化主義に反発する官民から横井小楠暗殺犯の助命嘆願が相次ぎ、刑断が遅れる。事件直後には、公家の娘で女流漢学者の若江薫子《わかえにおこ》が助命嘆願を行ったりもした。しかも明治二年（一八六九）九月五日には、弾正台《だんじょうだい》から耶蘇教を信奉する国賊を殺した犯人の罪は一等減ずべきとの建議書が出される。弾正台は刑部省と並ぶ行政監察、司法警察、訴追の機関だが、保守的な役人が多く、日ごろから小楠の思想を嫌悪していたという。

弾正台と対立することが多かった刑部省の大輔《たゆう》である土佐の佐々木高行《ささきたかゆき》はこうした風潮を嘆き、思い当たる原因を日記に次のように記している。

「是れ畢竟《ひっきょう》旧幕の時、井伊大老を刺したる者を義人とするよりの弊《へい》なり。維新の場合秩序を乱さず、国典を明にせずんば、其の毒如何《いか》ほどに流れるやも知れず、苦心々々」（山崎正董《やまさきまさただ》『横井小楠伝・下』昭和十七年）

かつて桜田門外で大老井伊直弼を殺した浪士たちは、巨大な権力に楯突いた義人として庶民間でも英雄視された。幕府崩壊後は、かれらの勇姿を描く錦絵や詩歌を収めた書籍（たとえば『歎涕和歌集《たんていわかしゅう》』『殉難前草』など）が公刊されたりした。新政権にすれば旧政権の権力者を殺したから「義人」なのであり、暗殺そのものを認めたわけではない。だが庶民は同じ調子で、小楠暗殺犯も英雄視した。

刑部省から小楠を国賊とする証拠の提出を求められた弾正台は、熊本を中心に九州方面を調査する。そして小楠著作とされた「天道覚明論」などを得て、皇室に対して不敬があったなどと訴えた。だが結局、刑法官は法律で裁くのだと、明治三年十月十日に死刑が決まり、執行された。新政権の法はまだ布告されておらず、謀殺した者は死罪という幕府の法が根拠となる。すでに柳田は獄死しており、中井は逃走中だったので（結局捕らえられず）、上田・土屋・前岡・鹿島に対し、

「其の方儀参与横井平四郎儀邪説を唱ふるとの浮説を信じ、擅《ほしいまま》に殺害に及び、剰《あまつさ》へ其の場を立ち遁《のが》るるの条、朝憲を憚らず不届き至極につき、梟首申し付くる」

との言い渡しがあった。ほかにも関係者が終身流罪や禁錮《きんこ》などに処されている。こうして小楠死後一年十カ月にして、事件はようやく終局を迎えた。

時は流れて大正二年（一九一三）十月十三日、歴史物執筆に本腰を入れはじめていた文豪の森鷗外《もりおうがい》は、旧知の津下慶太《けいた》の訪問を受ける。慶太は小楠の首を落とし、二十三歳で処刑された土屋延雄こと津下四郎左衛門の息子だった。慶太は、

「私の父は善人である。気節を重んじた人である。勤王家である……その半面におゐて私は父が時勢を洞察することの出来ぬ昧者《まいしゃ》であつた、愚であつたと云ふことをも認めずにはゐられない」

と、その無念を訴えた。それは鷗外の筆を通して「津下四郎左衛門」という作品になり、世

に出る(岩波書店版『鷗外歴史文学全集・三』平成十一年などに所収)。あるいは慶太は次のようにも語ったという。

「歴史の大勢から見れば、開国は避くべからざる事であつた。……智慧《ちえ》のある者はそれを知つてゐた。知つてゐてそれを秘してゐた。衰運の幕府に最後の打撃を食はせるには、これに責むるに不可能の攘夷を以てするに若《し》くはないからであつた。此秘密は群集心理の上には少しも滲徹《しんてつ》してゐなかつたのである」

慶太は父が「維新」に利用され、裏切られたとの思いを半世紀にわたり抱き続けてきた。そのため学業にも身が入らず、東京大学も中退したという。明治十九年から二十年にかけて津下に贈位するとの動きも起こったが、やはり政府に逆らった者を政府が顕彰するはずもなかった。津和野《つわの》出身ながら、軍医としてドイツ官費留学までさせてもらい、「維新」の恩恵を受けた鷗外は草莽の津下父子に対し、同情の念を禁じ得なかったようである。

大村益次郎暗殺

近代的な兵制改革を進める兵部大輔《ひょうぶだゆう》の大村益次郎もまた、「維新」の波に乗れない者たちの手により命を奪われる。

大村は前名を村田《むらた》良庵《りょうあん》、あるいは蔵六《ぞうろく》といい、周防国吉敷《よしき》郡鋳銭司《すぜんじ》村（現在の山口市）の村医者の家に生まれ、豊後日田《ひた》の咸宜園《かんぎえん》や大坂の適塾《てきじゅく》などで学んだ。宇和島藩、幕府などを経て万延元年（一八六〇）には故郷の長州藩に招かれ、西洋兵学者として軍政改革に尽力した。第二次長州征討や戊辰戦争の作戦司令を務めて新時代を迎え、明治二年（一八六九）七月に兵部省が設けられるや大輔に任ぜられる。

新兵制策定を担当する大村は、国民皆兵を唱えた。各藩の武士団を解体し、徴兵制による、出身身分を問わないフランス式の国軍を創立するのである。建軍の本拠を大阪としたのは攻守にすぐれた地形であるのと、西国諸藩の反乱を予見していたからだという。兵学校や造兵《ぞうへい》廠《しょう》など諸施設建設の下見のため、大村は数名の供を従えて東京を発ち、中山道を経て八月十三日、京都入りして三条木屋町の長州藩控屋敷を宿とした。それから連日、精力的に関西各所を視察して歩く。

もっとも、大村が進める急激な兵制改革には強い反発が起こった。西洋化に対する無理解はもちろん、国民皆兵は武士階級の否定につながるからである。あるときは刺客が伏見の船場で待ち受けているとの密告があり、急遽《きゅうきょ》行程を変えたこともあったという。

そして九月四日午後六時ころ、大村は京都の宿の奥二階四畳半の部屋で、来客の静間彦太《しずまひこた》

大村益次郎

郎《ろう》（長州大隊司令士）・安達幸次郎（加賀《かが》出身の英学教授）と歓談中、二名の刺客の襲撃を受けた。大村は刺客の初太刀で眉間《みけん》を、二の太刀で左の指先と右膝《みぎひざ》関節を深く傷付けられる。静間・安達は鴨川原に飛び下りたが、待ち構えていた別の刺客数名に斬り殺された。安達が大村と似ていたため、刺客は仕留めたと誤認して逃げ去る。刺客は後述するように全部で十三名。かれらが懐に入れていた斬奸状に、

「此の者任職以来、内外本末の分を弁《わきま》えず、専ら洋風を模擬し、神州の国体を汚し、朝憲を蔑《べっ》し、浸々《しんしん》蛮夷の俗を醸し成す」（高梨光司《たかなしこうじ》『兵部大輔大村益次郎先生』昭和十六年）

云々とあるように、神国思想を背景とした事件だった。

負傷した大村は、階下の浴室の風呂桶《ふろおけ》の中に隠れていたという（異説あり）。一命はとりとめたものの足の屈伸が困難になり、高熱が続き、一向に回復しなかった。そこで十月二日、オランダ医ボードウィンの治療を受けるため大阪病院に入院する。ついには勅許を得て同月

二十七日、右大腿《だいたい》を中部から切断する手術まで行ったが、もはや手遅れであり十一月五日に没した。享年四十六。遺骸は海路、故郷の鋳銭司に送られて埋葬されたが、切断した足は遺言により大阪天満《てんま》東寺町《ひがしてらまち》の龍海寺《りゅうかいじ》の師緒方洪庵《おがたこうあん》墓所傍らに埋められた。

大村益次郎暗殺の刺客たち

捜査の結果、大村益次郎を襲ったのは団仲次郎・太田瑞穂（本名太田光太郎）・佐竹竹次郎（本名金輪五郎《かなわごろう》）・斎薬習作（本名五十嵐伊織《いがらしいおり》）・宮和田進・伊藤源助《いとうげんすけ》・神代直人《こうじろなおと》・関島金一郎《せきじまきんいちろう》・岡崎強助・堀内誠之進《ほりうちせいのしん》・坂野治郎・河野某・堀内了之輔だと判明した。宮和田は逃走のさい、追ってきた兵部省の役人吉富音之助に斬殺されている。

団・太田・神代は大村と同じ長州藩出身であり、大楽源太郎《だいらくげんたろう》門下の攘夷論者だった。だから「長州」や「維新」に裏切られたとの思いが強かった。団の口供書には、「先年徳川氏外夷に親しみ、人気に反し候砌《みぎり》より、長州藩の義は尊王攘夷を主張し人気を得、苦心尽力、終《つい》に王政復古の功を奏し候ところ、あにはからんや、御一新以来、国論表裏に変じ候は全く外国人の説を信用の者己れの説を主張し」とし、その原因は「皇国の皇国たる所以《ゆえん》」を知らない大村にあるとする。もっとも、刺客に背後関係があるのか否かは現在も分かっていない。

団・太田・佐竹・斎薬・関島・伊藤は相次ぎ捕らえられて明治二年（一八六九）十二月二十九日、京都の粟田口刑場で斬られ、梟首された。実は処刑は二十日に決まっていたのだが、同情した弾正台から横槍《よこやり》が入りいったん中止となった。それでも横井小楠暗殺のときと違い、処刑がわずかしか延期されなかったのは兵部大輔という地位の高さと、長州という巨大閥が背景にあったからだと考えられる。

団と並ぶリーダー格の神代は豊後姫島《ぶんごひめしま》まで逃れた後、故郷に近い周防小郡に潜伏したが、山口藩に捕まり、投獄されて、十月二十日に斬首された。死の直前に取られたという口上書では「(大村を）速やかに殺害に及ばず候ては王政御一新の御目的相立たず」と、暗殺の理由を述べている。のち国から引き渡しを命じられた山口藩は神代が切腹をこころみたため、首を斬ったと釈明した。

団ら六名への判決文には、いまは「言路洞開の御政体」であり、意見があれば政府に「建言」すべきなのに、「猥《みだ》りに御登庸の重職を斬殺の企《くわだて》いたし」て実行したことが「朝憲を憚らず、致し方にて其の罪軽からず候」とある。

大村には没後、ただちに正三位が贈られた（のち従二位)。大村家は明治二十一年、特旨をもって華族に列せられ、子爵が授けられる。明治五年には故郷に大村神社が創建され、同二十一年には靖国神社に銅像が建設されるなど、建軍の神として祭り上げられてゆく。

大学南校イギリス人教師襲撃

新政府は明治三年（一八七〇）十月、西洋列強に対し、横浜駐屯軍の撤退を申し入れた。外国人に対するテロが起こらなくなったというのが、その理由である。列強側も軍隊駐屯は費用がかさむので、政府が安全を保証してくれるなら撤退は望むところだった。

ところが十一月二十三日午後十時ころ、東京府神田鍋町《なべちょう》を歩いていた大学南校《なんこう》（東京大学法文科系学部の前身）のイギリス人教師ダラスとリングが襲われ、併せて三カ所の刀傷を負うという事件が起こる。政府はただちにイギリス公使パークスに謝罪の意を示し、犯人に「最高の刑」を科すと約束した。これを機にパークスは武士に対して廃刀措置を取るよう主張したが、政府は時期尚早との理由で拒んだ。

犯人はなかなか見つからなかったが十二月十八日、刑部省は佐土原藩士松本弁十郎・永田弥太郎から、その夜同行していた鹿児島（薩摩）藩士肥後荘七が犯人であるとの訴えを受け、逮捕する。

肥後は一度は犯行を認めた。ところが参議広沢真臣《ひろさわさねおみ》暗殺（次項参照）の容疑者として捕らえられた杵築《きつき》藩卒《そつ》加藤竜吉と関宿藩士黒川友次郎が、自分たちが犯人だと名乗り出たためあらためて審理が行われる。その結果、刑部省は次のような見解に達した。

酒を飲んで神田鍋町を通りかかった加藤と黒川は、二名のイギリス人が日本人の妾を連れて歩くのを見た。加藤は殺意を起こして黒川の同意を得、リングに斬りつけた。つづいて黒川も、ダラスに斬りつけた。斬られた二名が逃げ出したところへ肥後が通りかかり、酒の勢いもありリングに斬りつけた。各人の胸中に燻《くすぶ》っていた攘夷の残り火が引き起こした事件だったようだ。こうして明治四年三月二十八日、加藤と肥後は伝馬町獄で絞首刑となる。黒川は准刑（流刑）十年、ほかにも関係者が閉門などの軽罪に処された。

特筆すべきは、攘夷事件としてではなく日本の刑法で裁いたことだろう。明治三年十二月二十日布告の「新律綱領」中、「通常謀殺罪」が適用された。この法には「未遂」がなかったため、苛酷にも二名は死刑になったのである。イギリス側の外交的圧力が皆無だったとはいえないが、「対外的な関係における法権独立の一過程」と評されている（田中時彦《たなかときひこ》「大学南校雇英人教師襲撃事件」『日本政治裁判史録　明治・前』昭和四十三年）。

広沢真臣暗殺

暗殺された参議として知られる広沢真臣（藤右衛門、波多野金吾《はたのきんご》）は幕末、長州藩の官僚だった。元治元年（一八六四）の藩内訌で投獄されたりしたが、のち刷新された藩政府の一線に立つ。第二次長州征討のさいは安芸宮島《みやじま》で幕府使節勝海舟と会見して休戦協約を結び、京都で討幕の密勅を受けたりと活躍した。

新政府への参加も早かった。明治元年（一八六八）一月に参与となり、徴士として海陸軍務掛・内国事務掛を務めた。以後要職を歴任して明治二年七月には民部大輔を経て参議となり、九月に永世禄一千八百石を賜った。

広沢真臣

ところが明治四年一月九日未明、東京麴町《こうじまち》富士見町《ふじみちょう》の私邸で妾の福井《ふくい》かねと同衾中だった広沢は、何者かに襲われる。十五カ所を斬られ、喉を三度刺されてほぼ即死。

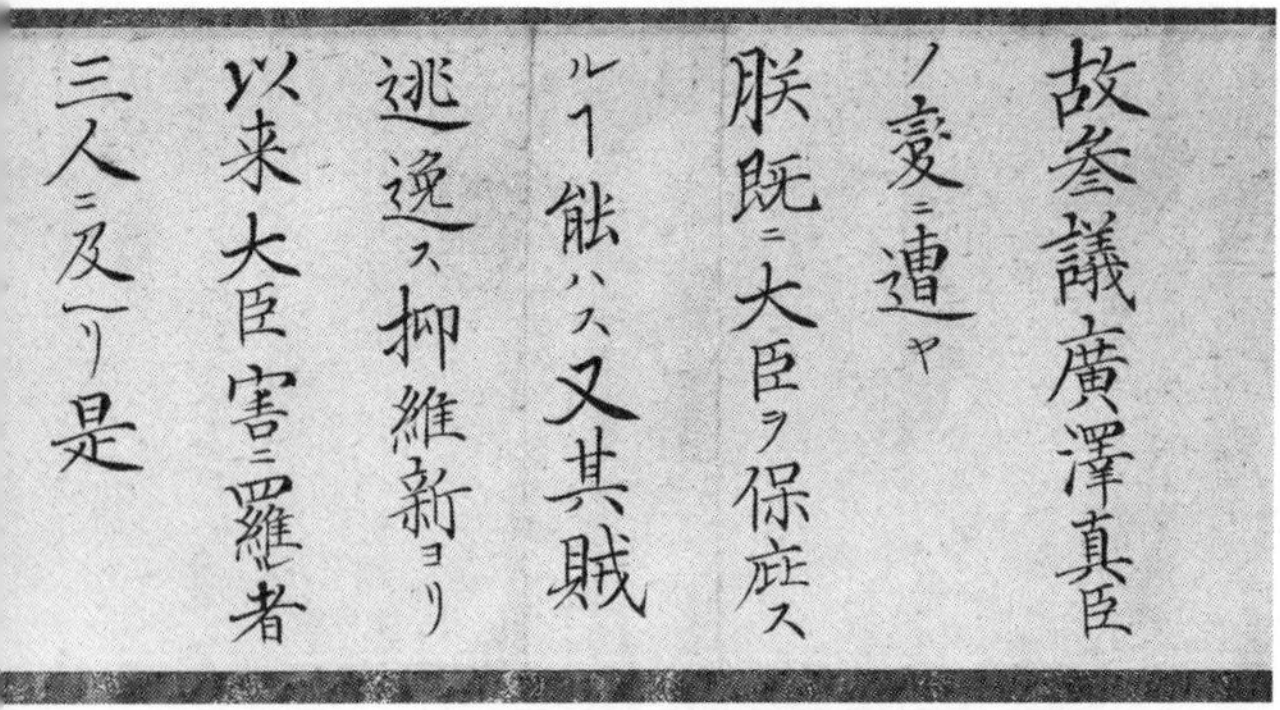
故参議廣澤真臣ノ変ニ遭ヤ朕既ニ大臣ヲ保庇スルヿ能ハス又其賊逃逸ス抑維新ヨリ以来大臣害ニ罹ル者三人ニ及ヘリ是

享年三十九。軽傷で済んだかねは、犯人は宗十郎頭巾《そうじゅうろうずきん》をかぶった三十歳くらいの中肉中背の男で肥後訛《なま》りがあったとし、細かい人相まであれこれと証言している。

新政府の高官が暗殺されたのは横井小楠、大村益次郎に続き三人目だ。面目丸潰《まるつぶ》れとなった太政官は厳重捜査の布告を発し、兵部省や東京府にも同様の布達をする。そして容疑者として、攘夷を唱え、政府の政策に不満を抱く主に西国の不平士族を次々と捕らえた。これを機に危険分子に対する追及を強化し、一挙に掃討しようと意気込んだのである。

だが、どうしても真犯人が判明しない。そこで二月二十五日、明治天皇は「是朕ガ不逮《ふたい》ニシテ朝憲ノ立タズ、綱紀ノ粛ナラザルノ致ス所、朕甚ダ焉《これ》ヲ憾《うら》ム」とし、厳しく捜査して「賊」を必ず捕らえよとの異例の詔勅を出す。広沢には、殺された日の日付で正三位と祭祀料三千円が贈られ

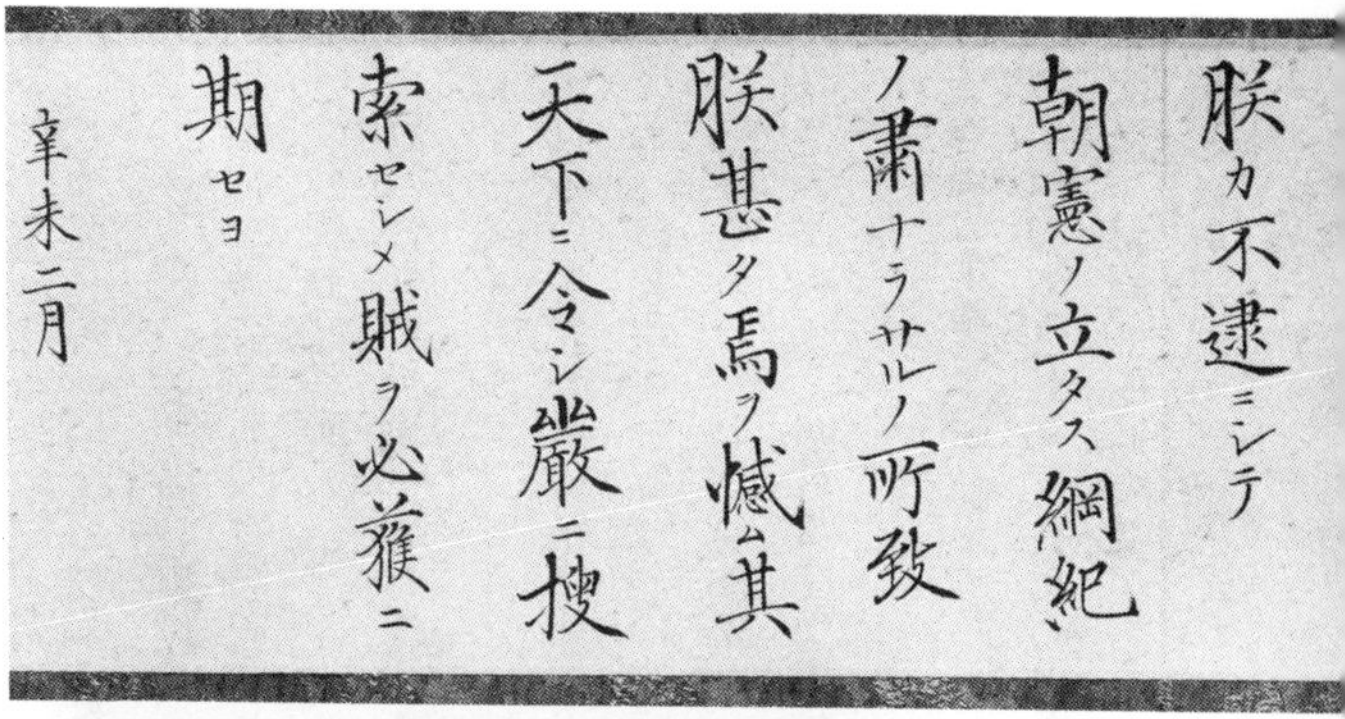
朕カ不逮ニシテ
朝憲ノ立タス綱紀
ノ肅ナラサルノ所致
朕甚タ焉ヲ憾ム其
天下ニ令シ嚴ニ捜
索セシメ賊ヲ必獲ニ
期セヨ
辛未二月

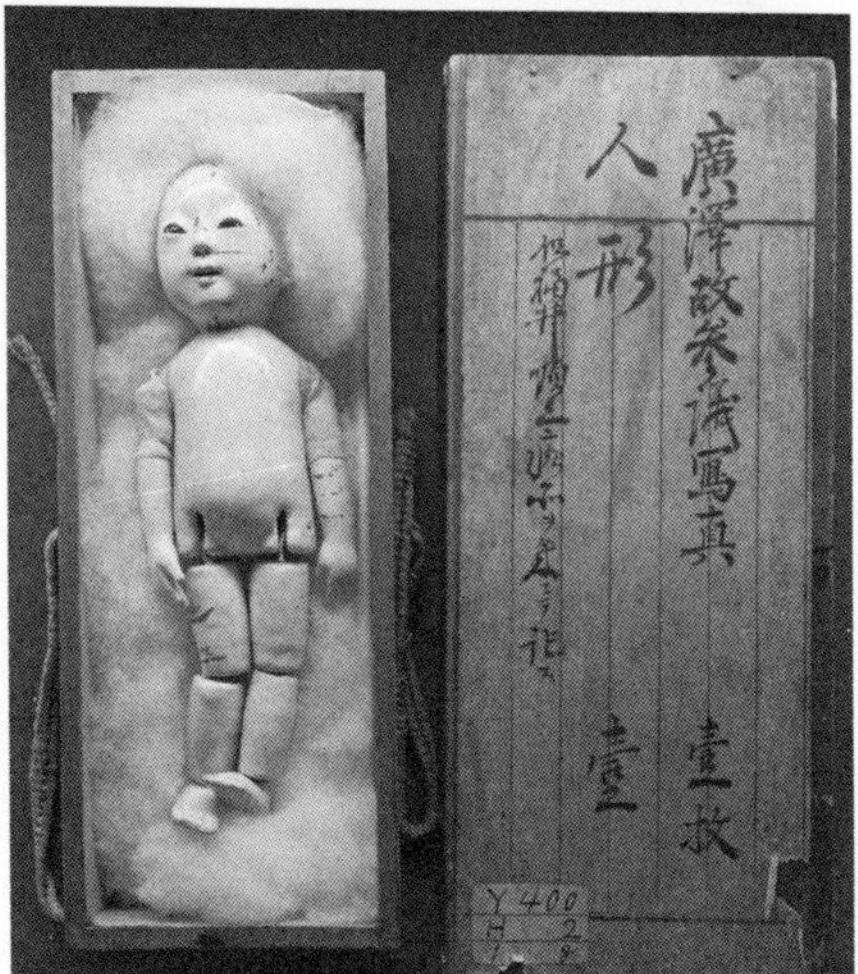

（上）広沢真臣暗殺犯人捜索を命じる詔勅（著者蔵）
（下）広沢真臣の傷を記録した人形（法務省法務史料展示室蔵）

た。

四月になると妾かねも疑われ、捕らえられた。警察による拷問を用いた取り調べが行われたが、証言が二転三転する。かねとの密通が発覚した広沢家の家令起田正一《きだしょういち》も逮捕されて取り調べられ、一度は容疑を認めるも裁判でひっくり返す。この裁判で注目されたのは、イギリスの陪審員制度「参座制」が採用されたことだ。専門の司法官のほか、有無罪の投票権を持つ七名の参座が任ぜられた。その結果明治八年七月十三日、かね・起田とも無罪となり釈放される。

多数の容疑者が捕らえられ、九年にもわたる裁判が行われたものの全員無罪となった。犯人はいまも、不明のままである。刺客は政府転覆を企み処刑された雲井竜雄《くもいたつお》グループの残党、黒幕は木戸孝允や大久保利通との説もあるが、いずれも推測の域を出ない。

なお、暗殺現場に駆けつけた医師福井順三《ふくいじゅんぞう》は、広沢の傷を高さ二〇センチほどの人形に記録し、これは裁判にも使用された。現在は法務省（東京都千代田《ちよだ》区）の法務史料展示室で公開されており、事件の空気を生々しく伝えている。

大楽源太郎暗殺

大楽源太郎は幕末、長州の過激な尊攘派として名を馳せた。元治元年（一八六四）五月五日には、幕府に内通の噂があった絵師岡田式部《おかだしきぶ》（冷泉為恭《れいぜいためちか》）を暗殺している。だが、大楽が目指した尊王攘夷は実現されなかった。そのためか、明治になっても官に就かず、故郷で不満の日々を送っていた。

明治二年（一八六九）九月、大村益次郎を襲った刺客団の中に大楽の門人がいたことから、大楽がその黒幕と疑われる。つづいて十一月、奇兵隊など長州諸隊が戦後処理への不満から「脱隊騒動」と呼ばれる反乱を起こすや、山口藩（長州藩の版籍奉還後の呼称）は大楽を煽動《せんどう》者のひとりと見なし明治三年三月、出頭を命じた。

危機を察した大楽は数名の門人を連れて九州方面に逃れ、各地を転々としたすえ筑後久留米（現在の福岡県久留米市）に潜り込む。そして、新政府が西洋列強と対等な関係を築けないなどと批判を強めていた久留米藩の尊攘派を煽《あお》る。

そのころ、全国各地でも新政府に対する不満が噴出しつつあった。征韓論を主張する政府役人の丸山作楽《まるやまさくら》、尊王攘夷の実現を訴える秋田藩大参事初岡敬治《はつおかけいじ》、東京奠都《てんと》に反発する公卿の外山光輔《とやまみつすけ》・愛宕通旭《おたぎみちてる》らは久留米の同志とも連絡を取り、政府転覆計画を進める。

山口藩からの要請もあり、ついに政府は大楽を庇う久留米藩など反対勢力と軍事力で対決する準備を進めた。明治四年三月十日、政府は東京にいる久留米藩知藩事（版籍奉還後の藩主の呼称）有馬頼咸《ありまよりしげ》を謹慎に処す。十二日には巡検使四条隆謌《しじょうたかうた》が久留米の周囲を軍隊で固め、大参事水野正名《みずのまさな》や権《ごんの》大参事小河真文《おがわまさぶみ》・沢四兵衛らを捕らえて豊後日田に護送する。

耿介四士之墓（久留米市遍照院）

存亡の危機に立たされた久留米藩には、立ち上がる気力がない。証拠隠滅のため十六日夜、大楽を騙して誘い出し、筑後川《ちくごがわ》の辺で暗殺した。享年四十。ほかに大楽とともに亡命してきた実弟山県源吾《やまがたげんご》と門人小野《おの》精太郎《せいたろう》が暗殺され、従僕村上要蔵《むらかみようぞう》は詰め腹を切らされた。

巡検使は久留米に乗り込み、関係者を捕らえた。東京に送られた小河は斬、水野は終身禁獄に処されるなどして久留米藩は事実上解体に追い込まれる。最終的には二府三十九県にわたる政府転覆の陰謀関係者が捕らえられた。そして外山・愛宕の二公卿が二条城で切腹させられたのをはじめ、斬九名、終身禁獄二十四名など処分者は二百十六名にも及んだ。木戸孝允は日記四月三日の条で「久留米の軽薄思い見るべし」と酷評している。

大楽らにはもちろん贈位も靖国合祀もなかった。しかし明治二十七年、大楽暗殺に関わった者たちが久留米寺町《てらまち》の遍照院《へんじょういん》に四名を合葬した、高さ三メートルもある自然石の「耿介《こうかい》四士之墓」を建てた。「耿介」とは節を曲げなかったとの意である。さらに川島澄之助ら刺客三名はその非を詫《わ》びるため、大楽らの墓の傍らに自分らの墓を建てさせた。保身のため、大楽を裏切った後ろめたさを終生抱き続けたことがうかがえる。

岩倉具視暗殺未遂

版籍奉還、廃藩置県と続き中央集権体制は強化されたため、没落する士族は外征に活路を見出そうと「征韓論」に期待する。

　ところが明治六年（一八七三）十月、いったんは閣議決定した朝鮮への大使派遣が、政変により斥けられてしまう。憤慨した征韓派の西郷隆盛・板垣退助《いたがきたいすけ》・後藤象二郎・副島種臣《そえじまたねおみ》・江藤新平《えとうしんぺい》の五参議は辞職した。うち板垣・後藤は土佐出身である。以後土佐の不平士族の多くが自由民権運動に走ったことはよく知られるが、それは言論による戦いだけではなかった。

　土佐人の千屋帰一《ちやきいち》と宮崎岬《みやざきみさき》は東京市中を焼き払い、その機に乗じて大臣参議を片っ端から暗殺しようと企み、十二月二十日に芝の増上寺《ぞうじょうじ》、翌七年一月三日に浅草《あさくさ》の浅草寺《せんそうじ》に放火したが、いずれも大火には至らなかった。二名は高知に逃れて再挙を謀ろうとしたが、捕らえられて東京に護送され刑死したという（福島成行《ふくしまなりゆき》『赤坂喰違《あかさかくいちがい》の事変』昭和二年）。

つづいて明治七年一月十四日午後八時ころ、赤坂仮御所を退出し、表霞が関《おもてかすみがせき》の自宅まで二頭立ての馬車で帰ろうとした右大臣岩倉具視が喰違見附《くいちがいみつけ》（現在の千代田区紀尾井町《きおいちょう》）あたりで襲撃される。岩倉は眉下《まゆした》と左腰に軽傷を負ったが、濠《ほり》に滑り落ちたため刺客に発見されず危地を脱した。

岩倉は閣議決定を覆す反対上奏を行ったため、征韓派から激しく恨まれていた。政府関係者は驚愕《きょうがく》し、明治天皇・皇后は親しく岩倉を見舞う。宮内省は東京府と神奈川県に犯人捜査を厳命する。新設の内務卿となった大久保利通は、大警視川路利良《かわじとしよし》に捜査を命じた。警視庁は内務省の直轄で、たまたま事件の翌日設けられたばかりだった。

現場に遺されていた下駄の刻印が糸口となり、警視庁は一月十七日から十九日までの間に犯人と関係者を次々と捕らえる。直接襲ったのは武市熊吉《たけちくまきち》・武市喜久馬《きくま》（熊吉の弟）・島崎直方《しまざきなおかた》・岩田正彦《いわたまさひこ》・山崎則雄《やまざきのりお》・下村義明《しもむらよしあき》・中山泰道《なかやまやすみち》・中西茂樹《なかにししげき》・沢田悦弥太《さわだえつやた》。いずれも土佐出身、二十代か三十代の若者で、大半はもと陸軍軍人だった。ちなみに征韓論が敗れたさい、板垣の慰撫《いぶ》にもかかわらず辞職した土佐出身の軍人が四十余名いたという。

特にリーダー格の武市熊吉は戊辰戦争で板垣退助のもと、勝沼《かつぬま》や今市《いまいち》の戦いで斥候《せっこう》として活躍し、その剛胆を知られていた。明治五年には外務省十等出仕となり、板垣と西郷隆盛の命を受けて池上四郎《いけのうえしろう》（薩摩出身）とともに満州《まんしゅう》を視察している。

一月十八日、司法省内に臨時裁判所が開かれ、二十二日から二十四日まで武市らの取り調べが行われた。なかなか口を割らないため、厳しい拷問も行われた。また「新律綱領」「改定律例」に国事犯規定がないため、司法省は外国の法なども参照しながら事件の重大性を考慮し、全員斬が適当と判断して太政官に伺いを立てた。

七月九日、九名全員に除族のうえ斬との判決が下り、伝馬町獄で処刑が行われる。苛酷な処分は、見せしめという政治的意味が強かったのだろう。裸にされ、俵に詰められた九名の

武市熊吉

九士之墓（中野区宝泉寺）

遺骸は早桶《はやおけ》に入れられ、同志たちの手で新宿《しんじゅく》牛込《うしごめ》岩戸《いわと》町《ちょう》の宝泉寺《ほうせんじ》に埋葬、木製の墓標が建てられた。武市らの賊名が消えたのは日清戦争終結の明治二十八年のことである。

明治四十三年、宝泉寺は豊多摩《とよたま》郡野方町《のがたまち》（現在の中野《なかの》区上高田《かみたかだ》）に移転した。その際武市らの遺骸も移葬され、立派な「九士之墓」が建てられた（現存する）。裏面には土佐出身の陸軍中将で子爵の谷干城《たにたてき》による撰文《せんぶん》を刻む。費用は東京では谷、高知では海南学校長吉田数《よしだかず》馬《ま》が中心になり募金した（『赤坂喰違の事変』）。政府要人の谷らが、刺客を顕彰したのである。この一事を見ても、武市らは反政府ではなく、事件は政府内の主導権争いだったことが分かる。

岩倉は明治九年五月、従一位に進み、明治国家の基礎づくりに尽力したが同十六年七月二十日、五十九歳で没。国葬の礼を受け、太政大臣《だじょうだいじん》を贈られ、同十八年には正一位を追贈された。岩倉が幕末のころ、五年間隠棲《いんせい》した旧宅（京都市左京《さきょう》区岩倉上蔵町《いわくらあぐらちょう》）の対岳《たいがく》文庫には遭難時の刀疵のある着物が所蔵されている。

大久保利通暗殺

明治六年（一八七三）の政変で征韓論を斥けた大久保利通の主導で、内務省が設けられた。

初代内務卿は、参議を兼ねる薩摩出身の大久保である。

内務省は地方行政・警察行政を中心に、あらゆる行政を集中させた中央官庁だった。西洋列強に対抗するためにも、近代国家の建設を熱望する大久保は権力を一手に握り、牽引《けんいん》しようとする。薩長による有司専制、独裁政治をも否定せずに邁進《まいしん》する凄《すご》みがあった。

大久保は佐賀の乱、熊本神風連《じんぷうれん》の乱、秋月《あきづき》の乱、萩の乱、西南戦争と続く不平士族の反乱を容赦なく弾圧し、竹馬の友だった西郷隆盛までも死に追いやる。あるいは地租改正を急速に進めたため、各地で大規模な一揆も起こった。

明治十一年五月十四日朝、大久保は訪ねてきた同郷の福島県令山吉盛典《やまよしもりすけ》に、これから三十年の日本の未来構想を聞かせた。それから午前八時過ぎ、三年町《さんねんちょう》（現在の千代田区霞が関）の私邸から二頭立ての馬車に乗り赤坂仮御所へ向かう途中、麴町紀尾井町で刺客六名の襲撃を受ける。

まず、二名が馬車の前に躍り出て、長刀で馬の前脚を斬って動きを封じ込めた。同時に他の四名が短刀を持って殺到し、抵抗する馭者《ぎょしゃ》の中村太郎《なかむらたろう》を斬り、馬車内の大久保を引きずり出して、ずたずたに斬りつけた。大久保は七、八足よろよろと歩いたが、なおも斬りつけられて倒れた。さらにとどめとして喉に短刀を突き刺され、絶命した。その傷は十六カ所に及び、半分ほどが頭部に集中していた。駆けつけた前島密《まえじまひそか》は「肉飛び骨砕け、又頭蓋裂けて脳の猶《なお》微動するを見る」（黒竜会《こくりゅうかい》『西南記伝・下一』明治四十四年）との凄惨な光景を語り残している。享年四十九。

襲ったのは石川県士族島田一郎《しまだいちろう》・長連豪《ちょうつらひで》・杉本乙菊《すぎもとおとぎく》・杉村文一《すぎむらぶんいち》、石川県平民脇田巧一《わきたこういち》、島根県士族浅井寿篤《あさいひさあつ》だった。脇田だけが平民なのは前年十月に上京するさい、商売を始めると偽り、士籍を脱したからである。

リーダー格の島田一郎は嘉永元年（一八四八）、加賀藩の下級武士の子として金沢に生まれた。維新後は上京して陸軍軍人の道を歩んでいたが、征韓論に共鳴し、政変による西郷隆盛の下野に憤慨する。以来、政治活動に奔走するようになり、同志と台湾《たいわん》出兵や佐賀の乱にかんする意見を左院に建白したりしたが、聞き入れられなかった。明治七年秋に金沢に帰郷し、石川県の不平士族の結社である忠告社《ちゅうこくしゃ》創設に関わる。

忠告社は民権政社の性格が強かった。しかし、朝鮮への使節派遣という閣議決定がひっくり返ったのを目の当たりにした島田は、国是の「万機公論に決す」など信じられなくなる。それだけに実力主義に傾き、西南戦争のころには石川県士族を決起させようと計画したが、同志が集まらずに頓挫した。

そこで政府高官の暗殺を企てる。ターゲットとして斬奸状に名が上がるのは木戸孝允（すでに病死）・大久保利通・岩倉具視・大隈重信《おおくましげのぶ》・伊藤博文・黒田清隆《くろだきよたか》・川路利良・三条実美で、自分たちが手初めに大久保を暗殺すれば、「感奮興起して以て遺志を継ぐ者あり」と考えた。

大久保利通を殺す理由

大久保利通を殺した六名はかねて申し合わせていたとおり仮御所に斬奸状を携えて自首し、そこで人力車に乗せられ警視本署に送られた。金沢の同志陸義猶《くがよしなお》が草した斬奸状は、大久保の「有司専制」を延々と批判した後、殺す理由として、

「公議を杜絶《とぜつ》し民権を抑圧し以て政事を私する」（公の議論を行わず、民権を弾圧して政治を私物化する）

「法令漫施、請託公行　恣《ほしいまま》に威福を張る」（法令は朝令暮改、民のためではなく官吏の利益のため）

「不急の土工を興し、無用の修飾を事とし、以て国財を徒費する」（急ぎでもない土木工事を行い、国の財を無駄に使う）

「慷慨《こうがい》忠節の士を疎斥《そせき》し、憂国敵愾《てきがい》の徒を嫌疑し、以て内乱を醸成する」（政府を批判する者を嫌い、内乱の種をつくる）

「外国交際の道を誤り、以て国権を失墜する」（外国との付き合い方を誤り、日本の威厳を失墜させる）

の五点を挙げる。島田ら六名は「新律綱領」「改定律例」にない「国事犯」とされ、だから臨時裁判所を設けて裁かれた。その結果七月二十七日、除族のうえ、牛込市《いち》ケ谷《や》監獄で斬に処される（脇田は平民なので除族はない）。首を打ったのは代々様斬《ためしぎり》の御用を務める山田浅《やまだあさ》右衛門《えもん》だった。遺骸は同志により引き取られ、同日夜には谷中天王寺墓地に埋葬されて墓が建てられたが、香華《こうげ》を手向ける参拝者が多かったと当時の新聞は伝える（今日、台東区の谷中霊園乙8号3側に角材型の六基の墓碑が一列に並ぶ）。ほかに翌明治十二年（一八七九）には故郷金沢市野田山《のだやま》に遺品を埋めた墓も建てられた。贈位や靖国合祀はなかったものの、敬慕する者は多かったようだ。政治家としてきわめて有能な大久保だったが、多くの民に寄り添わなかったし、その余裕もなかったから島田らは英雄視された。

大久保の葬儀は事件から三日後の五月十七日、神式で行われ、遺骸は青山《あおやま》墓地に埋葬された。大久保邸には一千百九十四名、青山墓地には七百二十九名が会したという。現在も港《みなと》区の青山墓地1種イ2号15～17側には鳥居付の「贈右大臣正二位大久保公墓」や勅撰《ちょくせん》神道碑（大正二年〔一九一三〕建立）がそびえ、傍らには側杖《そばづえ》を食って命を落とした馭者と馬の墓まで並ぶ。

明治十七年七月、大久保家を継いだ利和《としなか》が侯爵に列せられ、同年十月には暗殺現場近くに高さ一丈八尺五寸からなる「贈右大臣大久保公哀悼碑」（三条実美書）が建てられた。現場は

大久保公哀悼碑（千代田区）

大久保の馬車（倉敷市五流尊瀧院蔵）

ここよりも、やや弁慶橋《べんけいばし》（当時はなかった）に寄ったあたりのようである。事件は「紀尾井町の変」などと呼ばれたが、紀尾井とは江戸時代、紀州徳川・尾張徳川・井伊各家の屋敷があったことによる。

刺客が使った太刀は証拠品として警視庁に伝わり、現在は同本庁内（千代田区霞が関）の警察参考室に展示されている。誰の刀かは説明がないが、帽子（先端）が欠けているのが凄まじい襲撃を想像させて生々しい（一般見学可、要予約）。

大久保の乗っていた馬車は事件後、東京高輪（芝二本榎《にほんえのき》）の大久保家別邸で保管されていたが、昭和十六年（一九四一）二月、岡山県児島《こじま》郡郷内《ごうない》村（現在の倉敷《くらしき》市林《はやし》）五流尊瀧院《ごりゅうそんりゅういん》に寄贈された。血で汚れた遺品を個人の邸宅に置くのはよろしくないと、大久保家と交流のあった姫野宏明《ひめのこうめい》なる尼僧が自分の師が住持を務め、皇室にもゆかりのあった同院を紹介したという。いまも大切に保存されている馬車は英国製といい、事件時の刀疵が右扉に見えるほか、血痕が残るというが、肉眼で確認するのは難しくなっている。

第六章　〝正しい〟暗殺、〝正しくない〟暗殺

明治十一年（一八七八）五月十四日、内務卿大久保利通は紀尾井町で暗殺されたが、翌日には早くも官位の追贈が行われた。

これを知った井伊家旧臣の遠城謙道《おんじょうけんどう》は一通の建白を書き、明治天皇に訴える。それは大久保と同じように、井伊直弼も「忠君益国」に身を捧《ささ》げたにもかかわらず、いまだ冤罪が晴れていないと嘆き、井伊への追贈を願うものだった。遠城は慶応元年（一八六五）に出家し、世田谷豪徳寺の井伊直弼の墓を守りながら、井伊の復権を望んでいたのだ。建白の最後を遠城は、次のようにしめくくる。

「利通倘《も》シ追賞スベクレバ、直弼モ亦《また》追賞スベシ。直弼決シテ追賞ス可《べか》ラザレバ、利通モ亦決シテ追賞ス可ラズ。請フ、陛下其一択ニテ此ニ処《しょ》シ玉《たまわ》ンコトヲ」

だが、太政官はこの建白を受け入れなかった（神奈川県立歴史博物館特別展図録『井伊直弼と横浜』令和二年）。旧政権の井伊を、新政権が顕彰するはずがない。

やがて明治の後半になると、「明治維新」を回顧する風潮が高まる。明治四十四年五月には維新史料編纂会の官制が公布され、文部省内に事務局が設置された。

当時すでに暗殺は文明的ではなく、卑怯《ひきょう》な戦略との認識があった。しかし幕末、明治維新は、暗殺の歴史でもある。だから政府は、新政権樹立に寄与したと見られる暗殺については否定できなかった。不都合な歴史だが、顕彰せざるをえず、正当化する理屈が捻《ひね》り出されてゆく。本章では官製歴史が編まれる中で、井伊・大久保の暗殺事件が明治以降どのように扱われたかを見てゆきたい。

井伊直弼顕彰

官が編む明治維新史では、幕府の大老井伊直弼は悪役だった。その理由として勅許なしでアメリカはじめ西洋列強と通商条約を結んだこと、尊攘論の水戸藩と政治的に対立したこと、「安政の大獄」を断行したことなどが挙げられる。

このため明治政府は桜田門外で井伊を暗殺した水戸浪士らを「烈士」、その行為を「義挙」と呼び、顕彰の対象とした。強大な権力者を斃した浪士は早くから大衆の人気を集め、維新後は浪士を英雄視する多くの錦絵や絵草子が発行されていたのも、政府にとっては好都合だったはずである。

ところがこれでは、彦根藩井伊家の旧臣たちが納得するはずがない。世の中が落ち着くと旧臣の間から井伊直弼を「開国の恩人」として復権させ、顕彰しようとの動きが起こってくる。旧臣たちは明治十年代半ばから上野公園、横浜戸部山、日比谷《ひびや》公園などに井伊の記念碑建立を計画したが、政府の圧力などによりいずれも実現しなかった。

それでも、旧臣たちはモニュメントが欲しかったようだ。そこで横浜開港五十年の明治四十二年（一九〇九）を好機とし、初志貫徹、どのような勧告、圧迫も断固拒絶するとの決意のもとに、井伊銅像を戸部山に建立すると誓い合う。明治二十六年に靖国神社に石膏《せっこう》を原型とした銅像第一号の大村益次郎銅像（大熊氏広《おおくまうじひろ》原型）が建立されて以来、日本ではブームが起こり、政治家や軍人の銅像が各地に次々と誕生していた。

井伊銅像建設の中心となったのは、彦根藩出身で横浜正金銀行《よこはましょうきん》の六代目頭取相馬永胤《そうまながたね》である。相馬は維新後、アメリカに留学して法律や経済を学び、帰国後は専修《せんしゅう》学校（現在の専修大学）創立に関わり学長になった人物で、政財界にも広い人脈を持っていた。

井伊直弼銅像の除幕式

銅像の井伊直弼は「正四位上左近衛ノ権ノ中将」の正装で、高さ一丈二尺、原型作者は工学士藤田文蔵《ふじたぶんぞう》、鋳造者は岡崎雪声《おかざきせっせい》、台座設計者は妻木頼黄《つまきよりなか》である。横浜の戸部山は井伊家旧臣が購入して井伊家に寄贈し、井伊の官位にちなみ掃部山《かもんやま》と改称された。明治四十二年（一九〇九）六月下旬には銅像も竣工《しゅんこう》する。除幕式は七月一日の横浜開港五十年祝典当日、各元老大臣、各国公使などを招いて盛大に挙行されるはずだった。

ところが、またも横槍が入る。『東京日日新聞』六月二十七日号によれば、元老大臣から、次のような異議が出たという。

「開国の主唱者といへば阿部（正弘）・堀田《ほった》（正睦《まさよし》）の二老なるに、井伊は当年戊午《ぼご》の獄（安政の大獄）を起し、吉田松陰を始め橋本《はしもと》（左内《さない》）・梅田（雲浜）・頼《らい》（三樹三郎《みきさぶろう》）等の諸有志を刎《は》ね、西郷南洲《なんしゅう》（隆盛）の如き、これが為めに海波を踏むに至りたるの惨事は、いまなほ世人の記憶に新しき所なるを、開国の首動なりとて中外人環視の中に其銅像の除幕式を行はむなどゝは怪《け》しからず」

こうして除幕式を中止するよう、神奈川県知事周布公平《すふこうへい》（長州）に訓令が届く。周布は元老大臣と井伊旧臣や横浜市有志との間で板挟みとなり、困窮した。特に伊藤博文（長州）・井上馨（長州）・松方正義《まつかたまさよし》（薩摩）の三元老は憤慨し、「（祝賀会）当日除幕式を行はむとならば、吾等松陰・南洲の提撕《ていせい》を受けたるものは一人も出席せざるべし」と言い出す。元老大臣が欠席となれば、各国公使も出席するわけにはゆかない。

このため日取りを変え、祝賀会終了後の七月十一日に掃部山において「故井伊直弼朝臣銅像除幕式」が行われた。元老大臣で出席したのは、伯爵大隈重信（佐賀）のみである。祝辞の中で大隈は「日本に来た米国の使節は、文明の使節である。平和を以て臨んだのである」と、まず開国の意義を説いた。

現在の井伊直弼銅像（横浜市）

「それでも尚《な》ほ之を殺さなければ已《や》まぬと云ふのが、即《すなわ》ち攘夷家である……攘夷を正直に極端にやつたのが長州である。或《あ》る意味から云へば、長州人は実に正直な人である。併《しか》しながらどうかすると少し馬鹿正直と云ふことを免れぬ」

などと述べ、会場の笑いを誘う。要は「文明」や「平和」を受け入れたのは井伊で、邪魔したのは長州人だと皮肉ったのだ。そして井伊銅像建立の意義を、次のようにまとめる。

「其一端を捉《とら》へて感情的に褒貶黜陟《ほうへんちっちょく》（評価）を為すと云ふことはいかぬ、早暁冷静なる思想を以て自由の精神から研究することになれば、是は実に偉大なる記念とすべきものとなる。此銅像は千古の下に愈々《いよいよ》光りを放つと私は信ずる」

大隈は近いうち明治維新は冷静、自由に研究される日が来るとし、そのときこそ井伊の真価が理解されるという。何かあれば吉田松陰や西郷隆盛の名を持ち出し、郷党意識を剝《む》き出しにする薩長出身の元老大臣に対する当てつけだったのはいうまでもない。

以後、井伊銅像は横浜の名所となってゆく。しかし昭和十八年（一九四三）六月、戦時下の金属供出で失われ、現在のものは昭和二十九年に開国百年を記念して再建された二代目である（『井伊直弼と横浜』）。

盛大な桜田烈士五十年祭

話は少しさかのぼる。元老大臣たちは井伊直弼顕彰ムードの高まりに対抗し、暗殺した浪士たちを「烈士」と呼び礼賛した。明治二十二年（一八八九）五月二日、金子孫二郎・高橋多一郎はじめ十八名の霊を別格官幣社の靖国神社に合祀する。つづいて同二十四年十二月七日、金子・高橋に正四位、関鉄之介・斎藤監物に従四位、稲田重蔵・有村次左衛門ら十四名に正五位を追贈した。

もちろん井伊の霊は靖国神社には合祀されないし、国からの追贈もない。それでも井伊銅像が完成し、明治四十二年七月に除幕式が行われるや、元老大臣側の反撃はエスカレートする。

明治四十三年四月十二日（旧暦の三月三日）、「桜田烈士五十年祭」を靖国神社で盛大に挙行したのだ。主催はさすがに政府というわけにはゆかず、やまと新聞社になっている。政府寄りの「御用新聞」と揶揄《やゆ》された新聞だが、東京では有力紙だった。祭典総裁は伯爵土方久元《ひじかたひさもと》（土佐）、副総裁は陸軍中将男爵三好成行《みよしなりゆき》（長州）、祭典委員として伯爵田中光顕（土佐）ら、賛助員として侯爵井上馨（長州）ら政界を中心とする錚々《そうそう》たるメンバーが名を列《つら》ねる。

ただし井伊顕彰を批判していた伊藤博文は、前年十月二十六日に暗殺されていた。

『やまと新聞』は式典のひと月ほど前から連日関係記事を掲載し、一大キャンペーンを展開する。三月二十六日号に掲載された枢密顧問官男爵高崎正風《たかさきまさかぜ》（薩摩）の談話「桜田烈士五十

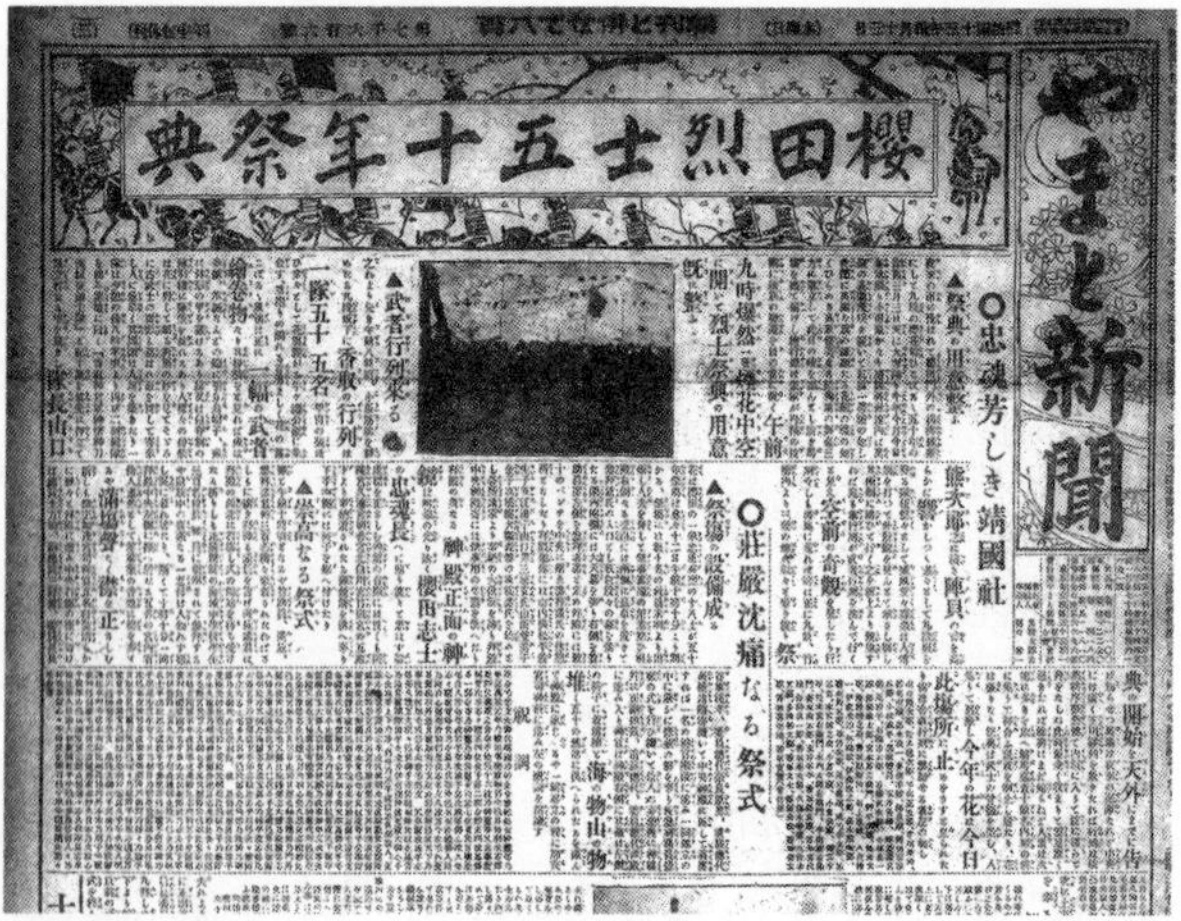
やまと新聞
櫻田烈士五十年祭典
忠魂芳しき靖國社
莊嚴沈痛なる祭式

桜田烈士の記事（『やまと新聞』明治43年４月13日）

年祭に就いて」は浪士顕彰の意義を、次のように述べる。

「桜田十八烈士の霊を祭るは、国家の為に非常に宜《よろし》いことである、と云ふのは彼れ十八烈士は、全く憂国の志士であつて、国家の為に彼《か》の挙に及んだもので、其の間一身の栄達を願ふとか、自己の利益を図るとか云ふ念慮は毫《すこし》も無い」

無私無欲だから「正しい」というのはこうしたテロ顕彰の常套句《じょうとうく》だが、浪士側のみが「栄達」や「利益」と無縁のようにいうのは一方的過ぎる。

花見シーズンの靖国神社での式典は一般公開もされ、盛大だった。入口の大アーチは数千の電灯と花で飾られ、境内では演劇や剣舞の舞台、活動写真場が設けられ、余興として相馬《そうま》の甲冑《かっちゅう》行列、鹿取《かとり》の武者試合が奉納された。夜になると、東京市街鉄道会社の花電車二十余台が運転された。まさに、国を挙げての物量作戦である。

神事は午前十一時十分より始まり、拝殿内には浪士の遺族や宮内大臣渡辺千秋《わたなべちあき》、陸軍大臣寺内正毅《てらうちまさたけ》、侯爵徳川圀順《くにゆき》代、イギリス大使マクドナルド、ドイツ大使館書記官某などの来賓五百名が居並んだ。社殿内には総裁、副総裁はじめ主催者が座り、祭主の宮司加茂百樹《かももき》が祝詞《のりと》を読んだ。

つづいて総裁土方久元が祭文を朗読し、「顧《おも》ふに井伊直弼、当時幕府の大老を以て、専擅《せんせん》職を弄《ろう》し、志士仁人一網に打尽し、上は天皇を壅塞《ようそく》し、下は万民を凌虐《りょうぎゃく》し」云々と井伊を徹底して非難する一方、それを暗殺した浪士を絶賛する。「開国の元勲を以て直弼に擬するは、事実を誤るものなること、史家已《すで》に公論あり」と、井伊顕彰への対抗意識も剝き出しにした。境内は夜遅くまで多くの人で賑《にぎ》わっていたという。

『開国始末』対『桜田義挙録』

言論界において井伊旧臣の意を汲み、本格的な井伊復権を目指したのは明治二十一年（一八八八）三月出版の『開国始末（井伊掃部頭直弼伝）』だった。著者は幕臣出身のジャーナリスト島田三郎《しまださぶろう》である。島田は井伊家文書を精査し、井伊の事績や先見性を高く評価した。

これに対し、水戸側が激しく反発する。たとえば、水戸藩出身の学者内藤耻叟《ないとうちそう》は「開国始末弁妄」を書き、「僅《わず》カニ一家（井伊家）ノ記録ニ拠リテ他ノ数十家ノ善悪是非ヲ一定セントスル、豈亦《あにまた》愚妄ノ甚シキ者ニアラズヤ」と酷評した（『幕末維新史料叢書1　開国始末』朝倉治彦《あさくらはるひこ》解説、昭和四十三年）。

桜田烈士五十年祭の挨拶で総裁土方久元は「史家已に公論あり」として井伊直弼を非難したが、その集大成ともいうべき『桜田義挙録』が明治四十四年七月、吉川弘文館《よしかわこうぶんかん》から出版される。市販されたほか、全国の小学校に配られた。本文だけで一九〇〇ページ近く、三分冊版と全一冊版があり、大正二年（一九一三）十月までに二万三千部が刷られた。著者は高知県出身のジャーナリスト岩崎英重《いわさきひでしげ》（鏡川）で、伯爵田中光顕に見出されてこの大冊を完成させ、その功によりのちに文部省の維新史料編纂所にポストを得ている。

『桜田義挙録』は最初の大扉に「賜天覧」とある。内容は、水戸藩史、開鎖国の問題などから説き起こし、無勅許の条約調印、桜田門外の変を経て浪士の列伝、前年四月の盛大な五十年祭のレポートと続く。序文から井伊銅像建立がいかに間違った行為かが繰り返し説かれ、本編の最初の方には、『開国始末』に対する長々とした反論が展開される。『開国始末』では井伊を殺した浪士を「暗殺襲撃は文明社会の極醜事なり」「暗殺刺殺は、社会に悪例を示すものなり」「すべての刺客は悉《ことごと》く非義者なり」などと酷評していた。これに対し『桜田義挙録』は「文明社会」であっても「奸雄」が政局を支配したとき、抵抗手段を持たない「志士の執るべき唯一の手段」が暗殺だと反論する。

「刺客の動機が、公憤であるか、私怨であるか、はたまた、是を外にして廓清《かくせい》の手段がなかつたか、どうか」が評価の基準だという。「人間道徳上の最高行為は、自己の利害を離れて、自己を犠牲に供するといふことである」とし、「桜田十八士は、古今の刺客中、最も出色のものであつて、志士仁人中の崇高なるものの一である」云々と絶賛する。

もっともこれでは並行線を辿るだけで、暗殺の本質に迫るような議論にはなりそうにない。

大逆事件との比較

靖国神社での桜田烈士五十年祭は明治四十三年（一九一〇）四月で、記念事業ともいうべき『桜田義挙録』の出版は同四十四年七月である。一年三カ月ほどのブランクが存在したのは、この間に日本社会を震撼させた、いわゆる「大逆《たいぎゃく》事件」が起こったことと関係するのではないか。

大逆事件は五十年祭の翌月、長野県で発覚して、『桜田義挙録』出版半年前に大審院特別法廷で裁かれた被告二十六名中、幸徳秋水《こうとくしゅうすい》ら十二名の死刑が執行されている（もっとも幸徳は冤罪の可能性が高い）。

国を挙げて半世紀前のテロリストを顕彰していたら、テロ未遂事件が起こってしまったのだ。それは天長節の日に、明治天皇が乗る馬車に爆弾を投げつけるという計画だった。首謀者たちは天皇制に対する無分別な信仰から国民を覚醒《かくせい》させ、社会主義を実現させるべくテロを企てたという。

こうなると、政府側はテロという行為に対しデリケートにならざるをえなくなる。しかしいまさら「桜田烈士」の顕彰を取りやめるわけにはゆかない。

そこで『桜田義挙録』の序文では遠慮がちに、「大逆事件」につき触れる。まず、無勅許調印を行った「直弼は我国の逆臣」だから許すべきではないとする。許したら「我国体を如何、我名教《めいきょう》を如何」となるからだ。それから「茲《ここ》に大逆事件あり」と続く。

ただ、大逆事件そのものには深入りせず、井伊と幸徳秋水らを天皇制の「国体」に逆らった者として同類視する。暗殺という行為だけならば、井伊よりも浪士の方が同類に近い気がするが、それは違うらしい。これでは井伊を貶《おとし》めるため、大逆事件を利用したとしか思えない。しかしそもそも、国学を趣味とし、熱心な勤王家だった井伊と、天皇暗殺を企んだ者たちを同一視して論じるのは、あまりに乱暴である。

『島田一郎梅雨日記』

明治政府は「桜田烈士」は顕彰したが、大久保利通を暗殺して処刑された島田一郎ら六名を顕彰することはなかった。

しかし強大な権力者を斃したヒーローとして、島田らもまた大衆の人気を集めていた。事件翌年の明治十二年（一八七九）七月から十二月にかけて芳川春濤《よしかわしゅんとう》閲、岡本《おかもと》起泉《きせん》綴《てい》、桜斎《おうさい》房種《ふさたね》画による『島田一郎梅雨《さみだれ》日記』全五編十五冊が出版され、大評判となっている。のち洋装一冊本となり、明治二十年代ころまで読み継がれたようだ。現在では筑摩《ちくま》書房版『明治文学全集・2　明治開化期文学集・二』（昭和四十二年）に所収されている。

内容は芸者とのロマンスといったフィクションも加えた島田の一代記で、当時流行した実録小説である。島田は西郷隆盛の同志とされ、事件は「敵討ち」の要素も含まれる。もっと

『島田一郎梅雨日記』(国立国会図書館蔵)

も、多くの読者が期待したであろう暗殺場面はわずか百数十字の簡潔な記述しかない。その後で、

「大方ハ憶測に類するのみか、憚《はばか》り多き事共なるが上に、記者も爰《ここ》に至り急に腕萎《な》え、指しびれ、胸塞《ふさ》がり、筆の運びの渋りて其状《そのさま》を委《くわ》しく記し能《あた》はざれば」

云々と言い訳して、逃げている。まだ事件が生々しく、摩擦を避けようとする配慮があったことをうかがわせる。

藩閥に抵抗した島田一郎

大久保利通を暗殺した島田一郎らは、「維新のバス」に乗り遅れたとされる加賀の金沢士族にとり、溜飲《りゅういん》を下げてくれたヒーローだった。だから藩閥から除外された一部の者たちは、島田らを敬慕し続ける。大正六年（一九一七）、第十三回総選挙のさい、石川県第一区に憲政会《けんせいかい》から衆議院議員選挙に立候補した永井《ながい》柳《りゅう》太郎《たろう》もそのひとりだった。

明治十四年（一八八一）、金沢士族の家に生まれた永井は上京して早稲田《わせだ》大学に学び、大隈重信に認められ、オックスフォード大学にも留学し、帰国後は早稲田の教壇に立ったりした。

野田山の島田一郎墓（金沢市）

『北國《ほっこく》新聞』大正六年四月一日号は、選挙のため帰省した永井が金沢市野田山の前田侯爵家墓所に詣でた後、「同山なる島田一郎等六名の志士の墓に香華を供へて読経参拝」したと報じる。これが、大きな波紋を呼ぶことになった。

政党政治家を志す永井は、薩長の藩閥による有司専制の打倒を唱えていた。永井は「立候補宣言書」で、暗殺という行為を必ずしも肯定しないと前置きしながらも、藩閥の「巨魁」だった大久保を暗殺した島田の「心事の公明正大に至ては之《これ》を諒《りょう》と」せざるをえないとして、認める。しかも藩閥の権勢に屈せず、対抗したのは石川県人のみだと誇らしげに主張する。

島田らは靖国神社にも石川県護国神社にも、合祀されていない。つまり権力の「お墨付き」を得てはいなかった。それに有司専制を憎んだ思想的背景も、実ははっきりしていない。このため永井は、墓穴を掘ることになった。

大隈重信と島田一郎は両立しない

永井柳太郎が島田一郎らの墓に参ったことは、政敵に格好の非難の口実を与える。

金沢市の実業家野村吉二《のむらよしじ》は永井の立候補は政争を引き起こし、実業振興を阻害する恐れがあると見て危険視した。大正六年（一九一七）四月六日の『北國新聞』に掲載された野村の「永井氏に与ふる公開状」では、墓参につき「今日断乎《だんこ》として恕《じょ》すべからざる刺客の出現すらも、尚石川県歴史上の名誉に帰せんとさるゝが如きは暗に刺客の精神を讃美《さんび》し、称揚」するものだとして非難する。

『北國新聞』はアンチ永井の立場の記事を、連日のように掲載した。なかでも墓参については、次のように辛辣《しんらつ》な非難の刃を向ける。

「一郎の心を心として藩閥を打破したる後の、帝国を如何にせんと費す所なく、唯徒《ただいたずら》に

現状の破壊を絶叫して、跡は野となれ山となれの投遣《なげや》り主義」（四月六日号）

「維新の功臣大久保公を暗殺したる刺客島田一郎は、金沢の出身なるを以て、今も尚彼を崇拝する切歯扼腕《せっしやくわん》の壮士多からんと信じたるは誤りなり……手品の種を見明かされては、折角《せっかく》の芝居も興を殺《そ》ぐこと尠《すく》なからず」（四月七日号）

ついには、石川県出身の大物ジャーナリスト三宅雪嶺《みやけせつれい》までが金沢で「隈《わい》侯か島田一郎か」の題で講演し、永井非難に参戦する。三宅は「島田が果して藩閥と云ふ事を考へたか什《ど》うか」と疑問視したうえで、島田は大久保のほか、大隈重信を含む数名をテロの対象としていたと指摘する。永井は「大隈侯崇拝者」なので「島田の墓参を取消すか、大隈侯に反対するか、何《いず》れかを取らねばならぬ……夫《そ》れを取消す迄は、永井君は何者であるか分らぬ」などという（四月十九日号）。

結局永井は選挙のすえ、政友会《せいゆうかい》の中橋徳五郎《なかはしとくごろう》に二百三票差で敗れた。島田らの墓参をテロリスト礼賛と決めつけられ、イメージダウンにつながったのは明らかだろう。

それでも永井は大正九年五月、金沢市から無所属で再び衆議院議員に立候補し、当選を果たす。その後、憲政会へ入党して以来連続八回当選し、斎藤実《さいとうまこと》内閣の拓務相、第一次近衛《このえ》文麿《ふみまろ》内閣の逓信相、阿部信行《あべのぶゆき》内閣の逓信相兼鉄道相など要職を歴任した。昭和十九年（一九

四四）十二月四日、東京で没。享年六十四。

変革願望

しかしながら地元金沢を中心とした島田一郎らへの敬慕の念が絶えたのかといえば、それは違う。昭和二年（一九二七）には五十年祭が東京と金沢で開催されている。

東京の方は刺客の縁者たちが発起人となり、六月二十六日、谷中墓地で追悼会などが催された。玄洋社《げんようしゃ》の頭山満《とおやまみつる》や衆議院議員になっていた永井柳太郎、政治講談で一世を風靡《ふうび》した伊藤痴遊、阿部信行なども参列している（遠矢浩規《とおやひろき》『利通暗殺』昭和六十一年）。

金沢の方の墓前祭の発起人は、八十一名にものぼった。七月二十七日、野田山墓地で盛大に行われ、遺族や頭山満代理の内田良平《うちだりょうへい》が参列した。島田の遺児で後備陸軍歩兵少佐の島田太郎は、東京から駆けつけている。太郎は事件当時二歳だったという。

金沢ではこれを機に島田らを顕彰する「明治志士敬賛会」が設立され、毎年の墓前祭や講演会などの事業を継続してゆくことが決まる。趣意書には「其事蹟《じせき》ヲ追慕シ国民精神ノ作与ニ資ス」とある。

昭和二年といえば、金融恐慌の嵐が吹き荒れ、若槻礼次郎《わかつきれいじろう》内閣が総辞職し、立憲政友会《りっけんせいゆうかい》の田中義一《たなかぎいち》内閣が誕生した年である。翌三年にかけて三度にわたる山東《さんとう》出兵が行われ、日本は中国の国民革命軍と干戈《かんか》を交えた。出口が見えない閉塞感が高まる中、テロを肯定するような危険な空気が社会に広まってゆく。島田らにスポットが当たったのは、単なる偶然ではないだろう。

つづいて金沢では、昭和三年七月二十八日に五十一年の墓前祭が行われている。東京からは内田良平なども参列し、テロリスト側の生き残りである松田秀彦《まつだひでひこ》が愛刀を墓前に捧げたりした。かつて永井柳太郎の墓参をさんざん叩《たた》いた『北國新聞』も「明治の志士島田一良等」云々と、好意的な記事を掲載する。

島田一郎

「憲政碑」に合祀された島田一郎

藩閥政治に抵抗した、政党政治の先駆者との島田一郎評も継続されてゆく。昭和七年（一九三二）の「五・一五事件」以後、陸軍は政党政治の継続に強く反対したため、元老西園寺公望《さいおんじきんもち》は諸情勢に配慮して、海軍出身の斎藤実に組閣

憲政碑（台東区浅草本願寺）

させた。こうして六年ほど続いた政党政治に、ピリオドが打たれる。

政党政治の危機が切実な問題となる中、昭和十二年十二月二十三日、「憲政碑」の除幕式が東京の浅草本願寺《ほんがんじ》で一千名の参列者を集めて盛大に行われた。金子堅太郎《かねこけんたろう》の揮毫《きごう》を刻む、高さ六三四センチという巨碑である。発起人は、立憲政友会所属の衆議院議員胎中《たいなか》楠右衛門《くすえもん》だった。

「憲政碑」には昭和十三年一月二十五日時点で、半世紀にわたる憲政功労者として二千二百七十二名が合祀された。伊藤博文や大隈重信といった大物たちに混じり、「島田一郎」の名も見える（胎中楠右衛門監修『憲政碑と其の合祀者』昭和十三年）。

有司専制を象徴する大久保利通を斃したことで、島田は立憲政治の功労者に加えられたのだ。ただし胎中は、テロを認めていたわけではない。胎中が草した「憲政碑」の碑文では先輩たちに向けられたテロ事件を、次のように並べて批判する。

「板垣伯ニ岐阜ノ遭難アリ、大隈侯ハ隻脚《せききゃく》ヲ奪ハレ、星亨《ほしとおる》氏ハ刺サレ、伊藤公ハ哈爾賓《ハルビン》駅頭ノ露ト消エ、原敬《はらたかし》氏ハ刺殺サレ、浜口雄幸《はまぐちおさち》、井上準之助《いのうえじゅんのすけ》両氏ハ撃タレ、犬養毅《いぬかいつよし》氏ハ五・一五事件ニ犠牲トナリ、高橋是清翁《たかはしこれきよおう》ハ二・二六事件ニ射殺セラレタ」

もっとも軍部の暴走は以後、とどまるところを知らず、日本は太平洋戦争へと突入してゆく。そして建碑者たちの願いも空《むな》しく、終戦まで政党政治が復活することはなかった。「憲政碑」は戦災を免れ、いまも浅草本願寺に現存している。だが、そこに暗殺者の島田が合祀されていることは、ほとんど知られていない。

終章　それでも続く暗殺

明治の暗殺

「脱亜入欧」「富国強兵」のスローガンを振りかざして疾走した明治日本は国会を開設し、憲法を制定して、日清・日露の対外戦争も経験しながら近代化を推し進めた。だが、あまりにも急激な変化から脱落する者も多く、その不満の矛先が国の要人に向けられる。

自由民権運動が天皇に対し異心を抱くものといった政府のプロパガンダに乗せられた二十七歳の小学校教員相原尚褧《あいはらなおふみ》は明治十五年（一八八二）四月六日、岐阜で自由党《じゆうとう》総裁板垣退助を襲い、負傷させた。刺された際、板垣が発したという「板垣死すとも自由は死せず」の一言（異説あり）は自由民権運動を象徴する「名言」として有名だが、同年の福島事件、明治十七年の加波山《かばさん》事件・秩父《ちちぶ》事件、十八年の大阪事件など、自由党がらみの実力行使の事件も

森有礼（国立国会図書館蔵）

起こる。言論と暴力が同居している時代だった。

明治二十二年二月十一日、憲法発布の日に文部大臣森有礼《もりありのり》を暗殺したのは西野文太《にしのぶんた》郎《ろう》という山口県出身の若者だった。西洋かぶれの森が、伊勢神宮で不敬を働いたとの風説を真に受けての犯行だという。西野はその場で斬殺されたが、日本中に渦巻く急激な欧化政策に対する反発は西野をヒーローに仕立ててゆく。東京に嫁いでいた西野の妹宅に投げ銭があったり、東京谷中の墓には墓参者が列を成す。これを見たドイツ人医師ベルツは、怒りをもって日記に記した。

「西野の墓では、霊場参りさながらの光景が現出している！　特に学生、俳優、芸者が多い。よくない現象だ。要するに、この国はまだ議会制度の時機に達していないことを示している。国民自身が法律を制定すべきこの時に当たり、かれらは暗殺者を賛美するのだ」（『ベルツの日記』）

はからずも社会の底辺に置かれた人々が共感し、信仰の対象としたのだろう。詩人高村光太郎《たかむらこうたろう》は子供のころの思い出（おそらく明治三十年代）として、西野の墓を砕いて持つと、籤《くじ》によく当たったと語っている。ただし、西野の墓は時山弥八《ときやまやはち》編『関八州名墓録』（大正十五年）には記載があるものの、現在は行方が分からない。

外交問題と暗殺

外交問題が、暗殺事件（未遂）に発展するケースも少なくない。不平等条約の改正に尽力する外務大臣大隈重信は明治二十二年（一八八九）十月十八日、それを不満とする福岡士族で玄洋社員の来島恒喜《くるしまつねき》が外務省前で投じた爆弾で右足を失う。来島は現場で頸部《けいぶ》を突き自決して、大隈による条約改正も頓挫する。だが、大隈は来島の葬儀に仏前を贈り、赤穂義士に来島を重ねて絶賛し、度量が大きいところを見せた。当時はまだ、武士道的気風が色濃く残っていたのである。

来日したロシア皇太子ニコライ・アレクサンドロヴィッチ（のちの皇帝ニコライ二世）が明治二十四年五月十一日、滋賀県大津町《おおつまち》（現在の大津市）において巡査津田三蔵《つださんぞう》にサーベルで襲われ、負傷した事件は政府（第一次松方正義内閣）を震撼させた（大津事件）。

大隈重信

来島恒喜

津田はニコライが、日本を横領する野心で地理を観察に来たと信じていたという。この事件は犯人処罰をめぐる司法への政治介入が大きな問題となったが、大審院長児島惟謙《こじまこれかた》により司法権の独立は護られた。津田は謀殺未遂罪となるも、明治二十四年に獄死した。事件によるニコライの日本に対する悪印象は、後の日露戦争につながったと言われる。

暗殺を必要とする社会

明治三十四年（一九〇一）六月二十一日、東京市会議長で立憲政友会の実力者だった星亨が、東京市庁参事会室で突然扉を開けて入ってきた実業家の伊庭想太郎《いばそうたろう》に刺殺された。

星は明治三十二年に東京市議会議員に当選して以来、強引な手法で市政をみずからの支配下に置いてきた。伊庭は日ごろから星が疑獄事件に関係ありと疑っており、それが犯行の動機だったようだ。

星と交流があった中江兆民《なかえちょうみん》は最晩年の著作『一年有半《いちねんゆうはん》』（明治三十四年）で、事件を次のように評した。

「苟《いやしく》も社会の制裁力微弱なる時代に在ては、悪を懲らし禍《わざわい》を窒《ふさ》ぐに於て、暗殺蓋《けだ》し必要欠く可らずと謂《い》ふ可き耶《か》」

土佐出身の中江はフランスの人民主権説を日本に紹介し、「東洋のルソー」などと呼ばれた自由民権運動の理論的指導者である。その中江の目から見ても、明治日本は暗殺を必要とする社会だった。

朝鮮半島をめぐる暗殺

明治日本は国防上、朝鮮半島がロシアの影響下に入ることを恐れた。だが、韓国李王朝の閔妃《ミンビ》は日清戦争後、ロシアに接近して勢力を拡大し、韓国の内閣を支配して日本側の圧力を排除しようとする。このため駐韓公使の三浦梧楼《みうらごろう》は明治二十八年（一八九五）十月八日払暁、政変を起こさせて閔妃を暗殺し、親露派勢力を一掃した。そして、閔妃の舅《しゅうと》で対立関係にある大院君《たいいんくん》を擁して親日的政権を樹立する（乙未《いっぴ》事変）。だが、翌二十九年二月には再び政変が起こり、親日派の多くが惨殺されて親露派が政権を奪った。

日露戦争に勝利した日本は韓国を保護国化し、伊藤博文が初代韓国統監として赴任する。伊藤は韓国の宮廷や政府を支配し、外交や内政の全権を掌握して韓国軍隊を解散させ、抗日運動を鎮圧した。こうして韓国併合への道筋がつけられてゆく。

明治四十二年六月、約三年間務めた韓国統監を辞した伊藤は満州に赴いたが、十月二十六日午前九時、ハルビン駅（ロシア管轄。現在の中国黒竜江省哈爾濱市《こくりゅうこうハルビン》）で至近距離からピストルで右胸部や腹部を撃たれ、落命した。享年六十九。

狙撃したのは韓国人の独立運動家安重根《アンジュングン》で、外務省管轄下の関東都督府地方法院で裁かれ、翌四十三年三月二十六日、旅順《りょじゅん》監獄で絞首刑に処された。

安が書いた「伊藤博文罪悪」は伊藤が孝明天皇を殺したとか、閔妃暗殺を指示したとか事実誤認も少なくない。権力を握った伊藤が明治天皇を欺き、皇帝を斥け、韓国を好き勝手に支配していると繰り返し訴え、最後は「これにより東洋の平和は永久に破れ、幾億人が将《まさ》に滅亡を免かれ得ないこと」（許世楷《きょせいかい》「伊藤博文暗殺事件」『日本政治裁判史録　明治・後』昭和四十四年）としめくくる。背後関係については諸説あるが、いずれも推測の域を出ない。事件翌年の明治四十三年八月、韓国併合に関する条約が調印され、韓国は朝鮮と改称されて朝鮮総督府が設けられた。

だが太平洋戦争が終結し、日本による植民地支配が終わった朝鮮半島では安重根は昭和七年（一九三二）に昭和天皇めがけて手榴弾《しゅりゅうだん》を投げた李奉昌《イポンチャン》や、上海《シャンハイ》の天長

ハルビン駅での伊藤博文

安重根

節祝賀会場に爆弾を投げた尹奉吉《ユンボンギル》とともに抗日、独立運動の「義士」として顕彰される。特に安は反日感情のシンボルに祭り上げられてゆく。韓国では二〇〇三年から、安は韓国独立のみならず、「東洋平和」のために伊藤を暗殺したとの評価が学校教育の中に取り入れられた。

こうした安重根顕彰に対し、日本側には強く反発する向きもある。伊藤は戦後日本では近代天皇制を築いた政治家として批判された時期もあったが、昭和三十八年（一九六三）から約二十年間千円札の顔となり一般に親しまれた。近年では史料に基づく研究、再評価も進んでいる。たとえば瀧井《たきい》一博《かずひろ》『伊藤博文』（平成二十二年）では伊藤を「知の政治家」とし、「彼は日本で行ったのとまったく同様に、韓国人民を文明の民へと導こうとしたのである」と評す。日韓両国の伊藤・安に対する評価が大きく乖離するのは当然で、その溝は怨嗟《えんさ》の感情や政治的な圧力で埋められるものではない。

おわりに

幕末維新に活躍した「英雄」だの「偉人」だのと称賛される人物の多くは、暗殺や暗殺未遂事件に一度や二度は関与している。近代化の牽引者として私が高く評価する伊藤博文も、若いころは噂話で他人の命を簡単に奪ってしまった。しかも、終生反省していた気配が感じられない。やがて伊藤自身も暗殺されてしまうのだから、因縁めいたものを感じずにはいられない。

いっぽう、現代の研究者のなかには、贔屓《ひいき》の「偉人」に限っては純粋だからテロではないとか、白昼堂々だから暗殺ではないなどとのたまう御仁もいて、時に呆《あき》れてしまう。なんでもかんでも、現代の価値観に強引に引き寄せようとするから、おかしなことになる。戦闘のプロフェッショナルである武士にとり暗殺は敵を倒す手段のひとつであり、それほど後ろ暗いものではない。

その件と関連するのだが、浅草本願寺の「憲政碑」の合祀者名簿の中に大久保利通暗殺犯の「島田一郎」の名を見つけたときは、驚いた。実は徳島市役所編刊『徳島市水道誌』（昭和三年）に収められた私の曽祖父一坂俊太郎《いちさかしゅんたろう》の伝記中に、鍛冶橋《かじばし》監獄で「金沢藩士族島田一郎」と共に「時世ヲ呪フ」との記述がある。

徳島士族の曽祖父は初期自由民権運動の自助社《じじょしゃ》に加わるも、明治八年（一八七五）、藩閥政府を批判した『通諭書《つうゆしょ》』を執筆、配布した事件により投獄された。のち官僚、実業家を経て政治家となり、徳島市長や立憲政友会の衆議院議員を務めている。にもかかわらず、テロリストとの交流という過去を消そうとしなかったのが、気になっていた（ただし出会いの場所については一考の余地あり）。それが島田は「憲政碑」に合祀されるほどの、自由民権や憲政運動のヒーローだったことが分かり、永年の疑問が氷解した気がした。しかも合祀者名簿の中には曽祖父の名もあり、感慨深いものがあった。くしくも、島田と曽祖父はあの世で「同居」していたのである。

本書では幕末を中心に、明治までの暗殺事件を追った。つづく大正に入るとデモクラシーの気運が高まり、捨て石的なテロ（一人一殺）によって、社会が幸福になる（一殺多生）と信じる者が出てくる。一君万民の理想が唱えられ、それが「昭和維新」の血盟団事件、五・一五事件、二・二六事件などへとつながってゆく。

戦後は民主主義国家になったため暗殺がなくなったかといえば、それは違う。昭和三十五年（一九六〇）の安保闘争のころには自民党総裁の岸信介《きしのぶすけ》が反感を抱く右翼に刺されて負傷したり、社会党委員長浅沼稲次郎《あさぬまいねじろう》が右翼少年に刺殺されたりと、やはり暗殺や暗殺未遂がなくならなかった。作家の三島由紀夫《みしまゆきお》は岸信介の事件につき、「少なくとも一部の政治家には、かういふ事件がいい薬になろうし、政治が命がけの仕事となれば、少しは政治家の背骨もシャキリとするだろう、といふことも考えられる」（『婦人公論』昭和三十五年九月号）などと述べている。他の暗殺に関する発言などを見てゆくと、三島は暗殺を多数決で物事が決まってしまう民主主義の副産物と考えていた節がある。

決して暗殺やテロを肯定するわけではない。しかし明治維新以来、日本の社会は「言路洞開」という課題を、つい、置き忘れてしまう瞬間がたびたびある気がしてならないのである。

一坂 太郎

令和二年秋

主要参考文献

我妻栄他編『日本政治裁判史録　明治・前』第一法規出版、昭和四十三年
泉秀樹『日本暗殺総覧』ベストセラーズ、平成十四年
岩崎鏡川『桜田義挙録・花』吉川弘文館、明治四十四年
菊地明『幕末天誅斬奸録』新人物往来社、平成十七年
栗原隆一著、井出孫六監修『斬奸状』学芸書林、昭和五十年
小寺玉晁編『東西評林』日本史籍協会、大正五年
アーネスト・サトウ、坂田精一訳『一外交官の見た明治維新・上』岩波文庫、昭和三十五年
澤本孟虎編『阪下義挙録』阪下事件表彰会、昭和六年
胎中楠右衛門監修、憲政功労者慰霊会編『憲政碑と其の合祀者』憲政功労者慰霊会、昭和十三年
トク・ベルツ編、菅沼竜太郎訳『ベルツの日記　上』岩波文庫、平成四年
中里機庵『幕末開港　綿羊娘情史』赤炉閣書房、昭和六年
中沢巠夫『幕末暗殺史録』雄山閣出版、昭和四十一年
日本史籍協会編『武市瑞山関係文書　一・二』日本史籍協会、大正五年

平尾道雄『維新暗殺秘録』白竜社、昭和四十二年
宮永孝『幕末異人殺傷録』角川書店、平成八年

一坂太郎（いちさか・たろう）

1966年兵庫県芦屋市生まれ．大正大学文学部史学科卒業．現在，萩博物館特別学芸員，防府天満宮歴史館顧問．春風文庫主宰．

著書『長州奇兵隊』（中公新書）
『幕末歴史散歩 東京篇』（中公新書）
『幕末歴史散歩 京阪神篇』（中公新書）
『幕末維新の城』（中公新書）
『坂本龍馬と高杉晋作』（朝日新書）
『わが夫坂本龍馬』（青志社）
『久坂玄瑞』（ミネルヴァ書房）
『吉田松陰190歳』（青志社）
『フカサクを観よ』（青志社）
『福岡地名の謎と歴史を訪ねて』（ベスト新書）
『昭和史跡散歩 東京篇』（イースト新書）
『高杉晋作』（角川ソフィア文庫）
『司馬遼太郎が描かなかった幕末』（集英社新書）
『高杉晋作の手紙』（講談社学術文庫）
ほか

暗殺《あんさつ》の幕末《ばくまつ》維新史《いしんし》
中公新書 *2617*

2020年11月25日初版
2020年12月15日再版

著　者　一坂太郎
発行者　松田陽三

本文印刷　三晃印刷
カバー印刷　大熊整美堂
製　　本　小泉製本

発行所　中央公論新社
〒100-8152
東京都千代田区大手町 1-7-1
電話　販売 03-5299-1730
　　　編集 03-5299-1830
URL http://www.chuko.co.jp/

Published by CHUOKORON-SHINSHA, INC.
Printed in Japan　ISBN978-4-12-102617-0 C1221

中公新書刊行のことば

一九六二年一一月

いまからちょうど五世紀まえ、グーテンベルクが近代印刷術を発明したとき、書物の大量生産は潜在的可能性を獲得し、いまからちょうど一世紀まえ、世界のおもな文明国で義務教育制度が採用されたとき、書物の大量需要の潜在性が形成された。この二つの潜在性がはげしく現実化したのが現代である。

いまや、書物によって視野を拡大し、変りゆく世界に豊かに対応しようとする強い要求を私たちは抑えることができない。この要求にこたえる義務を、今日の書物は背負っている。だが、その義務は、たんに専門的知識の通俗化をはかることによって果たされるものでもなく、通俗的好奇心にうったえて、いたずらに発行部数の巨大さを誇ることによって果たされるものでもない。現代を真摯に生きようとする読者に、真に知るに価いする知識だけを選びだして提供すること、これが中公新書の最大の目標である。

私たちは、知識として錯覚しているものによってしばしば動かされ、裏切られる。私たちは、作為によってあたえられた知識のうえに生きることがあまりに多く、ゆるぎない事実を通して思索することがあまりにすくない。中公新書が、その一貫した特色として自らに課すものは、この事実のみの持つ無条件の説得力を発揮させることである。現代にあらたな意味を投げかけるべく待機している過去の歴史的事実もまた、中公新書によって数多く発掘されるであろう。

中公新書は、現代を自らの眼で見つめようとする、逞しい知的な読者の活力となることを欲している。

日本史

d3

- 476 江戸時代　大石慎三郎
- 2552 藩とは何か　藤田達生
- 2565 大御所 徳川家康　三鬼清一郎
- 1227 保科正之《ほしなまさゆき》　中村彰彦
- 740 元禄御畳奉行の日記　神坂次郎
- 2531 火付盗賊改《ひつけとうぞくあらため》　高橋義夫
- 853 遊女の文化史　佐伯順子
- 2376 江戸の災害史　倉地克直
- 2584 椿井文書―日本最大級の偽文書　馬部隆弘
- 2380 ペリー来航　西川武臣
- 2047 オランダ風説書　松方冬子
- 1619 幕末の会津藩　星 亮一
- 1958 幕末維新と佐賀藩　毛利敏彦
- 2497 公家たちの幕末維新　刑部芳則
- 1754 幕末歴史散歩 東京篇　一坂太郎
- 1811 幕末歴史散歩 京阪神篇　一坂太郎
- 1773 新選組　大石 学
- 2040 鳥羽伏見の戦い　野口武彦
- 455 戊辰戦争　佐々木克
- 1235 奥羽越列藩同盟　星 亮一
- 1728 会津落城　星 亮一
- 2498 斗南《となみ》藩―「朝敵」会津藩士たちの苦難と再起　星 亮一
- 2617 暗殺の幕末維新史　一坂太郎